스낵
인문학

출판사 스테이블의 수익금 일부는 청각장애인 지원 단체 '사랑의달팽이'로 전달됩니다.

간편하고 짤막하게 세상을 읽는 3분 지식

스낵
인문학

타임스낵 지음

스테이블

손이 가요 손이 가
인문학에 손이 가요♪

스낵 컬처 snack culture 라는 말이 있다. 과자를 먹듯 가볍게 5~15분의 짧은 시간 안에 소비하는 콘텐츠를 뜻한다. 웹툰이나 웹드라마 등이 여기에 속한다. 자투리 시간에 스마트 기기로 접속해 문화생활을 즐기는 사용자들이 늘어나면서 생긴, 새로운 라이프 스타일을 반영한다. 그런데 이 책의 제목은 무려 '스낵 인문학'이다. 두 단어는 언뜻 전혀 어울리지 않는 조합처럼 보인다. 어떻게 인간의 문제나 사상·문화 등을 연구하는 인문학을 간식거리 먹듯이 가볍게 즐길 수 있다는 말일까?

이 책은 가볍게 시작했다가 자꾸만 손이 가 봉지의 바닥을 보고야 마는 스낵처럼 경제·역사·과학·예술·심리·상식 분야의 이슈를 '흥미'로 시작해서 '지식'으로 알차게 마무리하는 구성을 가진다. 모두 48개의 꼭지로 각 내용은 길지 않은 분량 내에서 사진과 일러스트를 곁들여 만만한 접근성과 계속해서 읽어나가는 즐거움까지 놓치지 않으려 애썼다. 모든 주제에 관해 최대한 쉽고 재미있게 풀어내고자 했으며, 문장 안에서 나름대로 경쾌한 톤을 유지해 혹여 독자가 '책을 읽다 졸지 않았으면' 하고 신경을 썼다.

《스낵 인문학》의 내용은 2018년부터 필자가 운영하는 유튜브 채널 '타임스낵'에 업로드한 콘텐츠가 근간이 되었다. 약 87만 명의 구독자가 흥미롭게 봐준 수백 개의 콘텐츠 중 '알아두면 쓸모 있을 지식 48가지'를 선별해, 추가로 자료를 모으고 새롭게 정리한 것이다.

독자들에게 이 책이 시간을 내서 봐야 하는 책이 아닌, 남는 시간을 때울 때 부담 없는 책, 그러면서도 삶에 도움을 주는 책이 되면 좋겠다.

차례

3장 — 과학

4장 ― 예술

5장 ― 심리

6장 — 상식

1

경제

버거킹이 말 한마디로 구글을 해킹한 방법

현재 전 세계에서 가장 큰 인터넷 기업으로, 관련 서비스와 제품을 전문으로 취급하는 다국적 기술회사 구글. 그야말로 가장 최신의 IT 기술이 총망라된 구글도 과연 해킹을 당한 적이 있을까? 말도 안 되는 이야기 같지만 실제로 구글을 어떠한 프로그램도 없이 손쉽게 해킹해버린 패스트푸드 가게가 있다! 바로 '와퍼'로 잘 알려진 업계 2위(1위는 맥도널드) 버거킹이다. 버거킹은 이 해킹을 통해 자사 제품을 공짜로 광고하며 구글의 자존심을 완전히 구겨버렸다. 도대체 어떻게 햄버거가 주력 상품인 버거킹이 아무런 기술도 없이 구글을 해킹할 수 있었을까?

버거킹이 사용한 아이디어는 바로 '인공지능 스피커'였다.

국내에서는 KT의 기가지니나 네이버 클로바가 주로 사용되는데, 이들 스피커에는 음성인식 비서 서비스가 내장되어 있어 질문에 대한 답변으로 정보를 검색하거나 음악을 트는 등의 명령을 수행한다. 영미권에서는 애플의 홈팟, 구글의 구글홈, 아마존의 에코가 널리 쓰인다. 2017년도 1월, 아마존에서는 이 시스템 때문에 진땀을 빼는 사건이 하나 생긴다. 미국 텍사스에 사는 여섯살 어린아이가 에코를 이용해 평소 가지고 싶었던 '인형의 집'을 주문해버린 것이다. 아이는 에코에 프로그래밍된 인공지능 비서 알렉사에게 "알렉사, 인형의 집 주문해줘"라는 명령을 내렸고, 부모가 모르게 장난감 쇼핑에 성공한다. 당시는 한창 인공지능 스피커 기술이 세상에 알려지기 시작하던 때였기에, 이 소식은 미국의 여러 방송국에서 뉴스로 보도되었다. 그런데 진짜 사고는 그다음에 일어난다! 이 뉴스를 소개하던 한 아나운서가 "알렉사, 인형의 집 주문해줘"라는 말을 똑같이 따라 하면서, 뉴스를 시청하고 있던 각 가정의 텔레비전 옆에 놓인 에코에게 명령을 내린 것이다! 이에 반응한 스피커들은 똑같이 인형의 집을 주문해버렸다. 아마존은 이 사건으로 약 7천만 달러에 달하는 오류 주문을 환불해주느라 한동안 진땀을 빼야 했다.

와퍼 버거는 버거킹의 햄버거로…

버거킹은 바로 이 기술을 광고에 활용해보기로 생각한 것이다. 햄버거를 효과적으로 홍보할 방법을 찾던 중, 구글홈을 이용한 아이디어를 떠올렸다. 버거킹은 텔레비전 광고 마지막 부분에 "오케이 구글, 와퍼 버거에 대해서 설명해줘"라는 멘트를 추가했다. 구글홈은 "오케이 구글"이라는 말에 자동으로 반응해 뒤에 이어지는 명령을 수행하도록 되어 있다. 그래서 이 광고를 보던 가정집 텔레비전 옆의 구글홈들은 버거킹의 멘트를 듣고, 인터넷 웹사이트에 소개된 와퍼 버거에 대한 설명을 하기 시작했다. 구글이 피땀 흘려 개발한 기술을 버거킹이 무단으로 자사 제품 홍보에 이용한 것이다. 사람들은 이 광고가 구글의 기술을 허락도 없이 이용해 해킹한 것과 다름없으므로

구글의 구글홈 스피커.

Hijacked AD 즉, 납치 광고의 일종이라고 이야기했다. 그러나 결과적으로 버거킹은 상상 이상의 광고 효과를 누렸고, 구글 역시 음성인식 성능을 인정받아 인공지능 스피커 매출이 대폭 증가했다. 첨단 기술의 빈틈을 활용한 이 발상의 전환은 광고 업계에서도 두고두고 회자되며, 2017년 칸 국제광고제에서 상을 받기도 했다.

기술은 개발 의도가 분명히 있겠지만, 어떻게 쓸 것인지는 사용자의 몫임을 보여주는 흥미로운 사례가 아닐까?

잘나가는 대기업들의 지우고 싶은 흑역사

지금은 난다 긴다 하는 유명한 대기업들의 '처음'은 어땠을까? 처음부터 잘되기만 한 것은 아니지 않을까? 원숭이가 나무에서 떨어지듯이 실수도 있었을 것이다. 물론 이는 성장의 발판이 되었을 테지만. 기업의 입장에서 '흑역사'라고 부를 만한 특이한 과거를 소개한다.

'크리에이터'라는 새로운 직업까지 만들어낸 유튜브는 처음에 온라인 데이트 서비스를 제공하던 웹사이트였다. 유튜브 창업자 중 한 명인 스티브 첸은 사람들이 자신을 홍보하는 영상을 올리고 인연을 찾도록 하기 위해 사이트를 만들었다. 그

유튜브의 초기 웹사이트 화면.

러나 이용자가 너무 적어서 구직 사이트에서 개인 홍보영상을 올리는 일을 할 여성을 모집하기도 했다. 그러나 여전히 사이트가 활성화되지 않자 전략을 바꿔 자신의 일상을 올리는 동영상 사이트로 개편했고, 그것이 현재의 유튜브가 되는 발판을 마련해주었다. 이것은 결과적으로 많은 창업자들에게 영감을 주는 좋은 실패이자 전환으로 남았다.

인텔은 1968년 창립 이래, 약 50년이 넘는 시간 동안 전 세계 CPU 시장에서 엄청난 점유율을 차지하고 있는 기술회사다.

그런데 2020년 8월, 해커에게 약 20GB의 내부 기밀 자료를 유출당한다. 해커가 인텔의 보안을 어떻게 뚫었는지 조사하던 중, 해당 자료의 압축 파일 비밀번호가 intel123인 것으로 밝혀졌다! 이로 인해 인텔은 세계적인 기술회사의 보안이 일차원적인 비밀번호로 이루어졌다는 사실이 알려지면서, 지우고 싶은 흑역사를 만들어버렸다.

혁신적인 기술과 디자인으로 사랑받는 세련된 이미지의 기업 애플에게도 흑역사는 존재한다. 불과 10여 년 전 애플이 공식적으로 출시한 알록달록한 양말 모양의 아이팟 케이스다. 이 케이스의 모습을 보면 마치 시장에서 묶음으로 파는 것 같은 진짜 양말과 흡사한 재질과 디자인인데, 놀랍게도 스티브 잡스가 직접 발표까지 하면서 열

양말처럼 생긴 아이팟 케이스.

심히 홍보했던 제품이다. 발표 당시 사람들은 아이팟에 양말을 씌우겠다는 잡스의 말을 농담으로 생각하고 박장대소했지만, 실제로 제품이 출시되자 경악을 금치 못했다. 결국 이 케이스는 2012년도에 판매가 중지되면서 애플이 판매했던 괴작 순

위에 당당하게 입성한다.

코카콜라가 펩시의 맛을 흉내내서 만든 '뉴 코크'.

'콜라' 하면 바로 떠오르는 회사 코카콜라는 영원한 라이벌 펩시 때문에 민망한 흑역사를 만든 적이 있다. 1975년, 펩시는 일반인을 대상으로 콜라의 포장을 가린 채 맛으로만 승부를 보는 펩시 챌린지를 기획했고, 여기에서 코카콜라를 누르고 압도적으로 승리한다. 이에 충격을 받은 코카콜라는 기존의 맛을 버리고 대놓고 펩시의 맛을 흉내낸 '뉴 코크'라는 새로운 콜라를 출시한다. 하지만 코카콜라의 기대와 달리 50만 명이 넘는 소비자들은 이전의 코카콜라 맛을 돌려내라고 항의했고, 결국 코카콜라는 뉴 코크를 출시한 지 3개월 만에 판매를 중지하고 '코카콜라 클래식'이라는 이름을 붙인 이전의 콜라를 다시 생산하게 된다. 펩시를 따라 하려다가 본전도 못 찾은 흑역사라고 할 수 있겠다.

애플 못지않게 전 세계 스마트폰 시장을 주도하고 있는 국내 기업 삼성에도 지우고 싶은 흑역사는 존재한다. 애플의 아이폰 신드롬이 일어났던 2012년, 삼성은 이를 따라잡기 위해 옴니아 시리즈라는 스마트폰을 출시한 적이 있다. 하지만 당시 애플만 한 기술력이 없었던 삼성은 기술로 승부가 안 되니 아이폰의 이미지를 깎아내리는 비방 마케팅을 하기 시작한다. 인터넷으로 영상을 볼 수 있는 아이폰에게 DMB 지원이 안 된다고 비난하며, 자사의 제품은 손톱으로도 터치가 가능하다는 다소 애매한 기능까지 내세우며 광고했다. 하지만 이런 노력에도 불구하고 옴니아는 아이폰의 열풍 속에 쥐도 새도 모르게 사라졌고, 남은 것은 낯부끄러운 비방 마케팅의 흔적뿐이다.

일본의 대형 게임회사 닌텐도는 1993년도에 자사의 대표 게임 슈퍼마리오를 야심차게 실사 영화로 제작하기로 결심한다. 워낙 유명한 게임이었기에 영화화 소식에 팬들은 엄청난 기대를 했지만, 막상 개봉한 영화는 그야말로 혼돈 그 자체였다. 게임 속에서 귀여운 악당인 굼바와 거북이가 기괴한 파충류로 등장하면서 작품 내내 파괴적인 분위기가 이어질 뿐만 아니라, 주인공인 마리오조차 배관공 출신이라는 것 말고는 밝고 용감한 원작의 마리오와는 공통점을 찾아볼 수 없었다. 결국

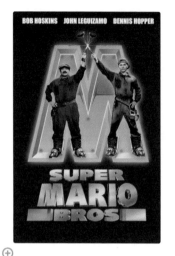

BOB HOSKINS JOHN LEGUIZAMO DENNIS HOPPER

SUPER
MARIO
BROS

닌텐도에서 제작한 세계 최초의 게임 원작 실사 영화인 〈슈퍼 마리오 브라 더스〉.

이 영화는 제작비의 절반도 벌지 못하고 '폭망'하면서 닌텐도의 흑역사로 남게 된다.

지금까지 알아본 대기업들의 실수는 어찌 보면 기업이 성장하기 위해서 당연히 필요한 수순일 것이다. 흑역사가 없었다면 지금의 꿀역사 역시 없지 않았을까?

디즈니랜드 직원이 반드시 지켜야 하는 독특한 규칙

디즈니랜드는 미키 마우스의 아버지이자 애니메이션 거장인 월트 디즈니가 세운 세계 최초의 놀이공원이다. 그곳에 들어가면 만화 속에 등장하는 캐릭터들이 현실로 나온 것처럼 공원 안을 돌아다닌다. 바로 인형탈을 쓰거나 분장을 한 디즈니랜드의 직원들이다. 모두의 꿈과 희망이 지켜져야 하는 환상의 나라인 디즈니랜드를 대표하는 마스코트인 만큼 이들에게는 반드시 지켜야 하는 특별한 규칙이 있다.

첫째, 절대로 "잘 모르겠습니다"라는 대답을 해서는 안 된다. 디즈니랜드에 방문한 손님이 직원에게 어떤 질문을 하더라도 모른다고 해서는 안 되는 것이다. 이는 캐릭터 역할을 하지

무엇을 물어도 "모르겠습니다"라는 대답을 하지 않는 디즈니랜드의 직원들.

않는 일반 직원에게도 해당된다. 상상력과 가능성으로 가득한 동화 속 세상인 디즈니랜드에서는 어물거리는 대답을 해서는 안 된다는 철저한 신념에 의해 만들어진 규칙이다. 그래서 만일 한 아이가 매표소 직원에게 팅커벨이 무엇을 먹는지 물어본다면, 그는 정확한 답을 모르더라도 재빠르게 "아주 작은 사과"라고 대답할 줄 아는 재치를 보여야만 한다. 한 아이가 쓰레기를 줍던 직원에게 무엇을 하는 것인지 묻자 "난 지금 꿈의 조각을 줍고 있단다"라고 대답한 것은 유명한 일화다.

둘째, 디즈니랜드의 직원은 한 손가락으로 특정한 방향을 가리키는 삿대질이 금지되어 있다. 그 대신 손님이 길이나 방향을 물어보면 반드시 검지와 중지를 붙여 방향을 가리켜야 한다. 이 손동작은 담배를 좋아하던 월트 디즈니가 손가락에 담배를 끼고 방향을 가리키던 습관에서 유래된 것인데, 현재는 "디즈니 포인트"라고 불리며 손님들에게 예의를 보이고, 디즈니에게 경의를 표하는 의미로 사용되고 있다.

셋째, 디즈니랜드의 직원은 외모를 깔끔하게 가꿔야 한다. 이들은 아이들이 선망하고 꿈꾸는 동화 속 세상에 있기 때문에, 문신을 하거나 네일아트를 해서는 안 되는 등 상당히 엄격한 용모 규정을 가지고 있다. 이 외에도 손톱의 길이, 머리 색, 안경의 모양 등까지 철저하게 관리된다.

넷째, 디즈니랜드의 직원은 SNS와 같은 공개적인 웹상에서 본인의 직업을 밝혀서는 안 된다. '디즈니랜드에서 봤던 미키마우스가 지난주에 호프집에서 맥주를 마시던 그 친구였어!?'라고 느끼는 일이 일어나서는 안 되기 때문이다. 직업을 비밀로 하는 것은 스파이에게나 해당하는 게 아닌 것이다. 캐릭터를 연기하는 사람은 근무 시간이 끝나도 여전히 캐릭터로 남아야 한다는 디즈니랜드의 정신이다.

다섯째, 디즈니랜드의 직원은 남에게 불쾌감이나 불안함을 주는 언어를 절대 사용해서는 안

된다. 그래서 생겨나게 된 것이 직원끼리만 이해하는 비밀 코드. 예를 들어 손님 한 명이 놀이기구를 타고 난 후 구토를 했다면 직원들은 이걸 "CODE V"라고 부른다. 또 놀이기구에 이상이 있을 때는 "CODE 101"이라고 이야기해야 한다. 그리고 한 가지 더 약간 오싹한 경우가 있는데, 디즈니랜드는 죽어서도 동화 속에 살고 싶은 사람들의 유언 때문에 매년 유골을 뿌리러 오는 손님들이 많다. 그래서 이런 상황이 오면 "백색 가루 경보"라는 코드를 말하고, 놀이기구를 중지한 후 대대적인 청소를 시작한다.

디즈니랜드에는 이 외에도 많은 규칙이 존재한다. 이러한 디즈니랜드만의 서비스 정신이 있기에 방문객들의 꿈 또한 소중하게 지켜지는 것이리라.

실수로 생겨났다가 히트 상품이 된 5가지 물건들

'실수는 성공의 어머니'라는 말이 있다. 이처럼 세상에는 우연한 실수로 만들어졌다가 엄청난 흥행을 불러일으킨 발명품들이 있다. 1866년, 노벨이 산업 현장용으로 개발했다가 군사 무기로 널리 사용된 다이너마이트도 마찬가지다. 하지만 이는 히트 상품이라고 부르기에는 부정적인 방향으로 사용된 경우가 많았기에 이와 반대로 세상을 더 이롭게 하거나 혹은 유쾌하게 만든 발명품 5가지를 살펴보자.

첫째, 슬링키. 어렸을 때 한번쯤은 형형색색의 스프링 장난감을 늘이기도 하도 계단에 굴려보기도 하면서 놀았던 경험이

슬링키는 나선형으로 감긴 용수철 형태의 장난감
이다.

있을 것이다. 슬링키를 개발한 사람은 리차드 제임스라는 미국의 해군 엔지니어였는데, 하루는 해군 전함의 전력을 체크하는 기계를 만들던 도중 실수로 부품 중 하나였던 스프링을 떨어트리게 된다. 떨어진 스프링은 탄성에 의해 스스로 바닥을 걷는 것처럼 보였고, 리처드는 이를 활용해서 장난감을 만들면 좋겠다고 생각한다. 그는 1년 동안 이 일에 몰두했고, 1945년에 탄생한 슬링키는 70년이 넘는 시간 동안 3억 개 이상 판매되며 무려 2,800억 원이 넘는 수익을 기록했다.

둘째, 콘푸레이크. 원래 켈로그의 제품 이름이었지만 워낙 유명해져서 온갖 종류의 시리얼을 지칭하는 대명사가 되었다. 콘푸레이크 역시 우연에 의해 탄생했다. 1894년, 미국의 내과 의사였던 존 하비 켈로그는 동생 윌 키스 켈로그와 함께 병원에서 환자를 위한 건강식품 개발에 힘쓰고 있었다. 그러던 어느 날 음식을 만들기 위해 준비한 밀가루 반죽을 필요 이상으로 숙성시키는 실수를 한다. 켈로그 형제는 많은 양의 반죽을 그냥 버리기에 아까웠는지 이를 면으로 만들기 위해 롤러로 돌리기 시작했다. 그런데 롤러에서 면이 아닌 딱딱하고 납작하게 눌린 밀가루 반죽 덩어리들이 나왔다! 형제는 이것을 그대로 기름에 튀겨서 우유와 함께 환자들에게 제공했다. 이 메뉴는 환자들에게 엄청난 인기를 끌었고 지금의 콘푸레이크로 발전하게 된다.

셋째, 포스트잇. 간단한 메모를 남겨서 종이나 벽면에 붙여놓을 수 있는 포스트잇은 일이나 공부를 할 때 아주 요긴하게 쓰이는 문구 중 하나다. 이를 개발한 사람은 세계적인 문구회사 3M의 직원 아서 프라이. 그는 평소에 성경을 본 후, 마지막으로 읽은 위치를 표시하기 위해 작은 종잇조각을 끼워 넣고는 했다. 그러나 성경을 다시 펼칠 때마다 종이가 매번 떨어져서 불편했다. 아서는 어떻게 하면 종이가 고정될 수 있을까 고민하다가, 종잇조각의 끝부분에 접착제를 바르는 아이디어를 떠올린다. 그는 접착력이 약해서 개발이 중단된 3M의 실패한 접착제를 이용해, 비로소 쉽게 떼었다 붙였다 할 수 있는 종이를 만들게 되었다. 이것이 지금의 포스트잇이다.

경제

넷째, 전자레인지. 주방의 필수품인 전자레인지 역시 우연에 의해 만들어진 제품이다. 미국의 군수회사 레이시온에서 근무하던 연구원 퍼시 스펜서에 의해 탄생했다. 레이시온은 미국과 영국의 레이더에 사용하는, 마이크로파를 생성하는 기계인 마그네트론을 제작하는 곳이었다. 이곳에서 퍼시는 호주머니에 들어 있던 초콜릿이 마이크로파로 인해 녹은 것을 발견한다. 이 현상에 영감을 받아 마이크로파를 이용해 옥수수를 팝콘으로 만드는 실험까지 성공하게 된다. 이렇게 마이크로파의 원리를 이용해 음식을 데우는 용도로 개발된 것이 마이크로웨이브, 우리말로 전자레인지다.

다섯째, 초코칩 쿠키. 고소한 과자 반죽 속에 작은 초콜릿칩이 박혀 있는 초코칩 쿠키도 실수로 만들어진 제품이다. 이쿠키를 처음 개발한 루스 웨이크필드는 미국의 메사추세츠 주에서 숙박과 가정식을 제공하던 여관 주인이었다. 당시 미국의 대통령이었던 존 F. 케네디까지 찾아올 정도로 놀라운 음식 솜씨를 자랑했던 루스는 과자 전체가 초코 맛인 쿠키를 만들 계획을 세웠다. 하지만 반죽을 다 하고 나서야 넣어야 할 초콜릿이 부족하다는 사실을 깨닫는다. 결국 그는 조금 남아 있는 초콜릿을 잘게 부숴서 흩뿌리면 쿠키 반죽 속에 초콜릿이 녹아 스며들 것이라고 생각했다. 하지만 생각과 달리 초콜릿은 덩어리째로 쿠키 속에 남아 있게 된다. 그런데 이렇게 내놓은 쿠키가 손님들에게 엄청난 호응을 얻고, 1930년 루스는 이 레시피를 적은 본인의 요리책까지 출판하게 된다.

약간의 실수와 아이디어, 실행력이 만들어낸 이 5가지 히트 상품은 지금도 여전히 일상에서 사용되고 있다.

웃자고 만든 광고에
진심으로 승부한 경영학도

많은 기업들은 좋은 상품을 만드는 것만큼이나 '어떻게 홍보할 것인가'를 숙제로 안고 있다. 때문에 미디어에 광고를 내보내기도 하고 소비자가 참여하는 이벤트를 기획하기도 한다. 세계적인 콜라회사인 펩시도 효과적인 마케팅 방안을 찾기 위해 오래전부터 부단히 노력해왔다. 특히 코카콜라라는 거대한 업계 1위의 경쟁자가 있다 보니, 자판기 앞에서 코카콜라를 발판 삼아 펩시콜라를 꺼내먹는 텔레비전 광고를 제작하는 등 자극적인 마케팅을 하는 경우도 많았다.

펩시는 1995년에 '펩시 스터프Pepsi Stuff'라는 이벤트를 열었다. 콜라를 마신 횟수만큼 포인트를 지급하고, 일정 숫자가 모이면 상품으로 교환해주는 행사였다. 24캔이 든 펩시 한 상자를 마실 때마다 10포인트가 적립되었고, 75포인트를 내면 기념 티셔츠를 주고, 175포인트는 색이 들어간 선글라스, 1,450포인트는 가죽 재킷 등의 경품을 준다고 광고했다. 그리고 여기에 더 자극적인 요소를 추가했다. 텔레비전 광고 끝자락에 황당한 장면 하나를 집어넣었는데, 700만 포인트를 모으면 제트기를 주겠다고 해버린 것이다! 이 포인트를 모으기 위해서는 콜라 약 1,680만 캔을 마셔야 했고 매일 10캔씩 마셔도 약 4,602년 9개월이 소요되기 때문에 펩시는 당연히 진짜로 실행할 사람이 없을 것이라고 생각했다. 단순히 흥미를 유발할 생각으로 이 장면을 집어넣은 것이다.

이때 시애틀에서 경영학을 공부하던 대학생 존 레너드는 펩시의 광고지에서 아주 작은 글씨로 인쇄된 문장을 발견하게 된다. 15포인트가 있으면 1포인트당 10센트를 지불해서 부족한 포인트를 채울 수 있다는 내용이었다. 존은 그 즉시 콜라와 제트기 사이의 손익을 계산했다. 그리고 콜라 1,680만 캔의 현금가는 약 80억 원이고 제트기의 가격이 200억 원이니 부족한 포인트는 현금으로 내서라도 무조건 경품을 받는 것이 이득이라고 판단했다. 그는 투자자들을 모집했고 15포인트를 얻기 위한 36개의 펩시콜라 캔과 함께 80억 원에 달하는 수표를 펩시 측에 보내면서, 제트기로 교환해달라고 요청한다.

결과는 어땠을까? 처음에 펩시는 이를 장난이라고 생각하고 택배를 돌려보냈지만, 존은 약속은 약속이라는 이유로 끝까지 제트기를 요구했다. 그리고 무려 3년간의 법정 싸움이 시작되었다. 법원에서는 펩시와 존 사이에 계약서가 없다는 이유로 펩시의 손을 들어주었지만 존은 펩시로부터 투자한 금액에 버금가는 보상금을 받았다는 후문이 있다. 그리고 펩시는 이 사건 이후 기존에 700만 포인트였던 제트기 지급 조건을 아예 7억 포인트까지 올려버리면서 끝까지 제트기 광고를 포기하지 않는 이상한 자존심을 보여주었다.

펩시의 농담 섞인 광고에 진심을 담아 승부한 존 레너드, 지금도 어디에서인가 굉장히 실리적인 자세로 잘 지내고 있지 않을까?

경기 중 핸드폰을 만진 골키퍼의 속마음

2018년, 브라질에서 열린 A리그 축구 경기에서 기이한 행동을 하는 골키퍼의 모습이 포착됐다. 경기가 시작되는 휘슬을 불기 직전, 갑자기 필드를 벗어나 핸드폰을 가져오더니 문자 메시지를 확인한 것이다! 심판의 눈치를 보면서도 계속 핸드폰을 만지던 골키퍼는 경기가 시작되고 공이 움직이고 나서야 핸드폰을 제자리에 갖다놓았다.

　스포츠 정신이라고는 하나도 없는 것처럼 보이는 이 골키퍼는 브라질의 아틀레티코 PR팀에 소속된 선수 산토스였다. 그는 아레나 디 바이사다 경기장에서 열린 경쟁 클럽 아틀레티코 MG와의 경기에서 이렇게 핸드폰을 확인하는 돌발 행동을

경기가 시작인데 핸드폰을?

보였고, 이 사건으로 인해 Distracted Goalkeeper 즉, 정신나간 골키퍼라는 별명을 얻게 된다. 경기에 온 정신을 집중하지는 못할 망정 시작 직후까지 핸드폰을 만지던 산토스의 모습은 당시 이를 지켜보던 관중에 의해 SNS에 퍼지게 되었고, 유명 텔레비전 프로그램을 비롯한 여러 언론에 보도되었다. 브라질, 바로 그 축구에 목숨 거는 나라이기 때문에, 산토스를 향한 축구 팬들의 분노는 인터넷을 뜨겁게 달궜다. 온갖 비속어를 섞어 비아냥대며 그를 조롱하는 사진이 퍼졌다. 심지어 메이저 스포츠 언론사인 ESPN에서도 산토스를 수치스러운 골키퍼라고 표현했고, 급기야 그를 팀에서 퇴출시켜야 한다는 여론까지 형성되었다.

그런데 그로부터 몇 주 뒤, 해명을 요구하는 팬들의 요청으로 기자회견에 참석한 산토스가 깜짝 발표를 한다. 경기 중 핸드폰을 본 자신의 행동에 대한 관중의 분노를 잘 이해하고 있다면서, 이는 마치 자동차 운전 중 핸드폰을 만지는 사람을 본 분노와 똑같을 것이라고 말한 것이다. 갑자기 생뚱맞게 웬 자동차 이야기? 하지만 사실은 다음과 같았다. 브라질은 운전자 중 절반이 넘는 사람이 운전 중 핸드폰을 사용해서 사고율이 높았는데, 아무리 공익광고를 하고 홍보를 해도 이 운전 습관이 좀처럼 바뀔 생각을 안 했다. 그래서 공유 택시회사인 우버가 브라질 사람의 축구 열정을 이용한 캠페인을 기획하게 된 것이다. 우버는 골키퍼 산토스와 광고 계약을 맺고, 팀원들도 모르게 경기장에 핸드폰을 들고 가라고 요청했다. 산토스는 약속대로 일부러 경기 시작 전에 핸드폰을 확인하는 모습을 보이면서 관중을 도발했다. 그리고 자신을 향한 네티즌과 축구 팬들의 분노가 극에 달했을 때, 해명 기자회견을 통해 경기장에서 핸드폰을 보는 골키퍼에게 분노하듯이 운전 중 핸드폰을 사용하는 운전자에게도 분

브라질 사람들의 축구 사랑을 활용한 안전 운전 캠페인.

노해야 한다는 메시지를 전달했다.

이 기자회견으로 우버와 산토스는 찬사를 받게 되고, 그를 비난했던 언론은 정정보도를 내며 이 캠페인의 의미를 언급했다. 이처럼 경기장의 모든 관중을 속이고 나아가 브라질 전 국민의 허를 찌른 이 캠페인 광고는, 분노를 활용해 사회적으로 긍정적인 영향력을 만들어낸 것으로 2019년 칸 국제광고제에서 수상하기도 했다. 브라질의 한 텔레비전 프로그램에서는 이 사건을 소개하며 이런 말을 남겼다.

"골키퍼는 경기를 포기했을지 몰라도, 당신은 생명을 포기하고 있었을지도 모릅니다."

존재하지 않지만 존재하는 버추얼 유튜버

2019년, 교육부와 한국직업능력개발원이 발표한 자료에 따르면 초등학생 장래희망 1위는 운동선수, 2위는 교사, 3위는 유튜버가 올랐다. 유튜브에서는 개성과 끼, 재능을 가진 일반인이 유명인이 되는 경우가 많기 때문에 '친숙한 동경'으로 시작해 직업적 관심까지 생긴 것이리라. 이러한 유튜버들은 뷰티·패션·게임 등 다양한 분야에서 활동하고 있는데 그 중에서도 전 세계적으로 주목받는 독특한 유튜버가 있다. 바로 가상 유튜버인 버추얼virtual 유튜버, 줄여서 브이튜버라고 불리는 존재다. 버추얼 유튜버는 말 그대로 사람이나 동물처럼 현실에 존재하는 생명체가 아닌 가상으로 만들어낸 캐릭터가 유튜브를 운영하

키 156cm에 생일은 6월 30일인 버추얼 유튜버 키즈나 아이.

는 것을 의미한다. 이 캐릭터는 일반 유튜버처럼 인터넷 방송을 하기도 하고, 쇼핑이나 게임 등 다양한 콘텐츠를 선보인다.

버추얼 유튜버는 애니메이션의 성지라고 부를 수 있는 일본에서 시작되었다. 2016년, 유튜브 A.I Channel에서 '키즈나 아이'라는 캐릭터가 나와 이야기를 하는 콘텐츠를 올리면서, 세계 최초로 버추얼 유튜버라는 존재가 생겨났다. 버추얼 유튜버는 현실에 실재하는 사람이 자신을 나타내는 캐릭터를 아바타처럼 대신 내세우는 개념이 아니라, 아예 그 캐릭터 자체로 하나의 정체성을 갖는다는 특징이 있다. 정말로 가상 공간에서 사는 완전한 별개의 유튜버로 보는 것이다. 하지만 물론 진짜로 이 캐릭터들이 이세계에 사는 것은 아니다. 캐릭터는 사람의 움직임을 모션 캡처를 이용해 구현하고, 목소리 역시 성우 등의 목소리를 사용해서 만들어낸다. 이런 사실은 공공연하게 알려져 있음에도 불구하고, 캐릭터의 움직임이 진짜 살아 있는 생명체처럼 자연스럽고 말도 곧잘 하다 보니 이들을 하나의 인

격체로 대하는 팬이 많다. 최초의 버추얼 유튜버 키즈나 아이는 불과 1년 만에 120만 구독자 수를 돌파해 지금은 약 300만 명에 달하는 구독자를 자랑하고 있으니 얼마나 많은 팬이 있는지 알 수 있다.

버추얼 유튜버가 창출하는 경제적 효과 또한 어마어마하다. 일본의 또 다른 버추얼 유튜버 '미라이 아카리'는 기억 상실증에 걸렸다는 콘셉트를 가진 금발의 가상 캐릭터인데, 그가 새해를 맞이해 2시간 동안 진행한 생방송으로 벌어들인 후원금이 무려 1,770만 원에 달한다. 이렇게 인터넷 방송을 통한 후원금 모금뿐만 아니라 멤버십이나 캐릭터를 활용한 굿즈 판

이세계에 오신 걸
환영합니다~

경제

매 등 버추얼 유튜버가 수익을 창출하는 분야는 무궁무진하다.

일본은 이전에도 합성된 음성으로 노래를 부르는 '하츠네 미쿠'라는 가상의 캐릭터를 아이돌화하는 데 성공해서 홀로그램 콘서트까지 개최한 사례가 있다. 국내에서도 무려 1998년, '아담'이라는 이름의 사이버 가수가 데뷔해서 활동한 적이 있기도 하다. 이런 점을 미루어보면 지금의 버추얼 유튜버들이 성공 가도를 달리고 있는 건 이미 예정된 수순이 아니었나 싶다. 이들의 인기는 이제 일본뿐만 아니라 전 세계로 뻗어나가고 있다. 가상의 인물이지만 차원의 벽을 넘어 현실 세계의 사람들과 소통한다는 점에서, 인터넷 방송 문화를 이끌어갈 선구자로 평가받고 있기도 하다.

갈수록 다양해지는 유튜버들의 모습들, 버추얼 유튜버까지 나온 지금, 다음 세대의 유튜버는 또 어떤 모습일까?

70일 동안 자면
2천만 원을 드립니다

70일 동안 잠들어 있는 대가로 2천만 원을 주는 아르바이트가 있다면 어떨까? 상상이 아니라 실제로 미국항공우주국 나사ᴺᴬˢᴬ에서 진행했던 일이다. 2014년, 나사는 사람이 장기간 우주여행을 했을 때 근육과 뼈가 얼마나 수축되는지 알아보기 위해 CFT70 프로젝트를 진행했다. 이를 위해 70일 동안 잠들어 있을 참가자를 모집했고 그에 대한 대가로 1만8천 달러, 한화로 약 2천만 원에 달하는 돈을 지급하겠다고 공지했다. 이 소식을 듣고 책 출판 비용이 필요한 작가부터 아이 양육비가 부족한 주부까지 저마다의 목적을 가진 54명의 참가자들이 모였다. 그중 한 명이었던 앤드류 이바니키는 이 프로젝트에 대해 상세한 후기를 남겼다.

앤드류는 근무하고 있었던 아티스트 매니지먼트 회사로부터 갑작스럽게 해고 통보를 받게 되어 이 실험에 지원한 사람이었다. 연구실에 도착한 그는 3주 동안 수면 상태에 적응하기 위해, 아무것도 하지 않은 채 침대에 누워 있어야만 했다. 이 기간 동안 야외에 나갈 수 없는 것은 물론 모든 일상생활을 누워서 해야 했다. 잠을 잘 때도 일반적인 평평한 침대가 아니라, 연구 목적으로 약 −6도 기울어진 침대를 사용하느라 허리와 목 통증에 시달렸다. 당연히 잠도 제대로 잘 수가 없어서 수면 부

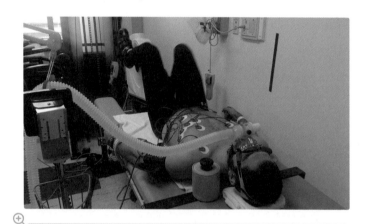

70일간의 수면을 준비 중인 앤드류 이바니키.

스낵 인문학

족 증상을 호소하기도 했다. 그렇게 고통으로 점철된 3주간의 훈련이 끝나고 앤드류는 정확히 70일 동안 잠이 든다.

70일이 지난 2014년 12월 2일, 수면을 마친 앤드류가 일어났을 때는 침대가 수직으로 세워진 채로 온몸에 생명 유지장치가 붙어 있는 상태였다. 연구원들은 앤드류의 정보를 기록했고 깨어난 그에게 15분 정도 서 있을 것을 요구했다. 앤드류가 발을 땅에 딛자 갑자기 땀이 나고 피부가 가려워지면서 심장박동 수가 150bpm까지 뛰어올랐다. 그리고 8분 정도 시간이 지나자 맥박은 80bpm으로 떨어졌고 앤드류는 기절해버렸다. 이런 현상이 벌어진 이유는 줄어든 혈액량 때문이었다. 70일 동안 −6도 기울어진 채로 수면 상태에 돌입한 앤드류는 혈액량이 약 20% 감소한 상태였다. 혈액은 호흡할 때 산소와 이산화탄소를 온몸에 운반해주는 역할을 한다. 그런데 이것이 감소한 채로 잠에서 깨자 잠들어 있던 뇌세포와 신체 세포가 같이 깨어나면서 산소 소모량이 급격하게 증가했으나, 앤드류의 몸에는 증가한 산소를 운반해줄 혈액이 부족했기 때문에 몸이 자체적으로 전원을 꺼버린 것이다. 평소 철인 3종 경기에 참여할 정도로 건강했던 그의 몸도 70일의 수면은 견딜 수 없었던 셈이다.

앤드류는 이 실험 이후 신체적인 문제뿐만 아니라 우울증 증상이 찾아왔으나, 약 10주에 걸친 재활훈련과 연인의 도움으로 이전과 같은 건강한 상태로 돌아가 12주 후에 퇴원할 수 있었다. 그는 후기를 통해 실험 기간 내내 나사를 저주했지만, 퇴원 후 통장에 입금된 2천만 원을 보고 굉장히 행복했다고 전한다.

보통 사람이 70일 동안 2천만 원을 벌기란 확실히 어려운 일이다. 하지만 과연 앤드류에게 사라진 70일의 가치와 2천만 원은 맞바꾸기 공평한 거래였을까? 이 아르바이트의 가성비는 나사만이 알고 있을 것이다.

오타쿠에게만 허락된
전설의 직업

끊임없이 울리는 전화벨 소리와 분주하게 통화하는 직원들의 모습을 떠올려보자. 어떤 직업을 가진 사람들일까? 은행 상담원? 텔레마케터? 그렇다면 분주하게 통화는 하고 있지만 그들의 손에 게임기가 들려 있다면? 일하는 중에 몰래 게임을 하는 불성실한 직원이 한 명도 아니고 떼로 모여 있는 것일까? 이번에는 실제로 이렇게 일했던 직업 '게임 상담사'를 소개한다.

'갤러그' '스트리트파이터' '더블드래곤' 등 게임을 하려면 반드시 오락실에 가야만 했던 1980년대, 게임계에 혁신과도 같은 기계가 하나 등장한다. 1983년 닌텐도에서 출시된 '패밀리 컴퓨터'이다. 줄여서 패미컴이라고도 불리는 이 기기만 있

패미컴의 등장은 게임 업계에서 전설과 같다. 미국의 시사 주간지 《타임》에서는 "패미컴은 로큰롤의 역사에서 비틀즈의 위치와 같다"라고 소개했다.

으면, 오락실에 가지 않아도 집에서 게임을 즐길 수 있었고, 게임팩을 갈아 끼우는 것만으로도 여러 가지 게임을 친구와 함께 플레이할 수 있었다. 패미컴의 등장으로 전 세계 가정에 게임기가 보급되면서, 닌텐도는 성장 가도를 달리기 시작했다. 이에 따라 '동키콩' '슈퍼마리오' '젤다의 전설' 등 지금도 많은 사람에게 사랑받는 전설적인 게임들이 발매되었다.

그런데 여기에서 닌텐도가 예상하지 못했던 문제가 하나 발생한다. 남들이 어떻게 게임을 하는지 지켜볼 수 있었던 오락실과 달리 가정용 게임기는 혼자서 미션을 해결해야만 했다. 지금처럼 유튜브나 블로그를 통해 공략을 찾아볼 수도 없었던 시절이기 때문에, 어려운 스테이지에서 막히면 게임을 중도 포기하는 고객이 생길 수밖에 없었다. 이에 닌텐도는 누구도 생각지 못한 새로운 직업을 만들게 된다. 바로 게임을 대신 클리어해주는 상담사인 '닌텐도 게임 카운슬러'다. 게임 카운슬러가 되기 위해서는 닌텐도에서 만든 시험을 통과해야 했는데,

닌텐도의 게임 카운슬러 광고물.

고객님,
왼쪽으로 가세요

우선 인기 게임의 플레이 실력을 테스트받았고, 맵이 복잡한 '젤다의 전설' 같은 경우는 필기 시험을 치루기도 했다. 그들의 업무는 고객이 끝까지 게임을 클리어할 수 있도록 도와주는 것이었다. 고객이 전화로 막히는 맵에 대해 설명하면 이를 듣고 위치를 파악해서 공략을 제시해주지만, 게임의 다음 스토리나 엔딩에 대해서는 스포일러가 금지였다. 상담사들은 1천여 개가 넘는 게임의 맵 구조를 외우는 것은 물론 아이템이나 비밀 통로, 몬스터의 위치 등도 파악하고 있어야 했다. 이에 닌텐도는 수시로 직원에게 게임 시험을 출제하며 그들의 상담 역량을 관리했다. 비록 암기해야 할 내용은 많았지만 당시만 해도 게임을 하면서 돈을 버는 직업은 없었기 때문에 이곳은 1990년대에 '꿈의 직장'으로 불리기도 했다.

하지만 계속되는 닌텐도의 성장과 함께 수천 개가 넘는 게임이 개발되면서 더 이상 전화 상담만으로 모든 고객을 상대하기가 어려워졌다. 결국 닌텐도는 상담사 대신 누구나 서점에서 사서 읽을 수 있는 게임 공략집을 출판했고, 이렇게 게임 카운슬러는 10년 만에 역사 속으로 사라지게 된다.

지금도 게이머들의 유익한 게임 라이프를 도와주는 직업은 있다. 바로 게임 유튜버와 게임 미디어 등이다. 게임이 있고 이를 좋아해주는 사람들이 있는 한 게임에서 파생된 '직업'은 앞으로도 계속해서 존재할 것이다.

상위 0.001%의 부자를 위한 블랙카드

'부자' 하면 바로 떠오르는 인물인 마이크로소프트의 창업자 빌 게이츠, 미국의 전 대통령이자 부동산 재벌이었던 도널드 트럼프, 재산이 무려 1조 원이 넘는다는 세계적인 팝 가수 비욘세 등에게는 한 가지 공통점이 있다. 검은색 빛깔에 화려한 은색 테두리로 장식된 신용카드를 가지고 있다는 점이다. '블랙카드'라는 별명으로 잘 알려진 이 카드의 정식 명칭은 '아메리칸 익스프레스 센츄리온'이다. 이 카드는 특정 조건에 부합해서 초청장을 받은 사람만 회원이 되는 시스템을 가지고 있다. 어떤 조건을 충족해야 할까? 우선 1,630만 달러, 한화로 약 190억 원에 달하는 재산을 보유하고 있어야 하고, 1년 동안 벌어들이는 수익은 최소 15억 원을 넘겨야 한다. 그렇다고 벌기만 잘해서는 안 되고, 쓰기도 잘해야 한다. 한 달에 최소 2억5천만 원 이상의 지출이 있어야 한다. 또 불법적인 방법으로 돈을 모으는

블랙카드라는 별명으로 잘 알려진 '아메리칸 익스프레스 센츄리온'.

뒷골목의 보스 같은 사람이 이 카드를 사용하는 것을 막기 위해, 가입자의 사회적 지위나 명예도 평가 대상이 된다. 무조건 돈이 많다고 가질 수 있는 것은 아닌 셈이다. 그렇다면 이 신용카드는 어떤 혜택이 있어서 이렇게 까다롭게 회원을 선별하는 것일까?

지금부터 독자들은 자신이 블랙카드의 소유자가 되었다고 상상해보자. 무료한 일상에 따분함을 느끼던 당신은 바람이나 쐴 겸 해외여행을 가기로 결심한다. 그리고 공항에 가서 비행기표를 예약하려는데 블랙카드를 가지고 있다는 이유만으로 평범했던 비행기 좌석이 일등석으로 업그레이드된다. 그렇게 편안하게 비행기를 타고 해외에 도착해 쇼핑 좀 하려고 했더니 아뿔싸! 도착 시간이 새벽 3시라 문을 연 쇼핑몰이 없다! 하지

만 걱정할 필요가 없다. 블랙카드를 가지고 있으면 명품 매장들이 새벽 2시 이후에도 문을 열어주기 때문이다. 쇼핑을 즐기고 난 후에는 카드에 쌓인 마일리지로 특급 호텔을 공짜로 예약해보자. 그리고 다음 날, 생각해보니 너무 급하게 비행기에 올라서 아무런 여행 계획도 짜지 못했다. 어떻게 하면 좋을까? 하지만 다행히도 해외 어디를 가든 블랙카드 소유자를 위한 전용 안내인이 알아서 여행 코스를 짜준다. 그렇게 편안한 관광을 즐기고 나서 마지막으로 콘서트나 스포츠 경기가 하나 보고 싶어진다. 좌석도 앞자리면 좋겠는데 가능할까? 물론이다! 블랙카드를 가지고 있으면 언제나 VIP석에서 쾌적하게 공연을 관람할 수 있다.

이 외에도 블랙카드를 가지고 있으면 얻게 되는 혜택은 상당히 많다. 상위 0.001%만 가질 수 있는 카드답게 대접을 해주는 셈이다.

그렇다면 이런 블랙카드로 편의점에서 빵이나 우유 같은 소액을 결제하면 어떻게 될까? 실제로 일본에서 블랙카드의 소유자인 유명 성형외과 의사 타카스 카츠야는 이와 관련한 해프닝을 겪기도 했다. 그는 평소 모바일 게임인 '포켓몬 고'를 즐겨 했는데, 관련 아이템을 구매하기 위해 5만 원을 블랙카드로 결제했다. 그러자 핸드폰으로 블랙카드의 부정 사용이 의심되어 카드 사용이 정지되었다는 문자가 날아온다. 평소 결제 금액이 많은 블랙카드 소유자가 5만 원을 결제하자, 회사 측에서 카드가 도난되어 다른 사람이 사용했을 것이라고 판단한 것이다. 5만 원도 적지만은 않은 돈인데 말이다.

　이렇게 블랙카드는 세계적으로 입증된 부자들만이 소유하는 상징이 되었다. 그러다 보니 일부에서는 돈이 많다는 것을 자랑하고 싶은 마음에 SNS에 카드 인증샷을 올리거나, 목걸이로 만들어서 걸고 다니는 사람도 있다. 성숙한 머니 스웨거를 가질 때 블랙카드의 아우라가 더 빛나는 것이 아닐까?

2

역사

엘리베이터에 거울이 설치된 계기

아파트나 빌딩 등에 있는 엘리베이터에 타면 흔히 양쪽에 거울이 달린 것을 발견할 수 있다. 거울을 보면 거의 대부분의 사람은 반사적으로 옷매무새나 머리 모양을 다듬고는 한다. 그런데 생각해보면 엘리베이터가 화장실이나 탈의실도 아닌데 왜 거울이 달려 있는 것일까?

이는 한 사람의 발상의 전환으로 이루어진 결과물이다. 전세계 대부분의 엘리베이터는 미국의 오티스라는 회사에서 제작한다. 오티스는 1853년, 세계 최초로 안전장치가 부착된 엘리베이터를 개발했는데, 무거운 안전장치 때문에 그만큼 속도가 느려질 수밖에 없었다. 고객들은 불만을 토로하기 시작했고,

오티스 측도 마땅한 방도를 찾지 못하는 상황이었다. 이때 오티스의 직원 한 명이 번뜩이는 아이디어를 낸다.

"엘리베이터 안에서만큼은 시간 가는 줄 모르게 만들면 어떨까요?"

사람은 심리적으로 자기 자신에게 관심이 크고, 그렇다 보니 언제나 더 나은 모습으로 자신을 치장하려고 하는 경향이 있다. 직원은 이러한 점을 이용해서 엘리베이터에 거울을 붙였다. 그 결과 속도에 대한 이용자들의 불만은 점차 사라졌고, 이후 거의 모든 엘리베이터에 거울이 설치되었다.

그런데 거울이 하나만 있으면 될 것 같은데, 왜 두세 개씩 붙어 있는 것일까? 바로 폐소공포증을 겪는 일부 사람을 위한 장치다. 폐소공포증이란, 닫히거나 좁은 공간에 있을 때 극도의 공포를 느끼는 증상을 말한다. 이 병이 있는 사람이 밀폐된 공간에 들어가면 공간이 점차 좁아지는 듯 느껴져서 답답증과 공포감을 호소하게 된다. 때문에 사방이 꽉 막힌 엘리베이터를 타기가 힘들 수밖에 없다. 그래서 거울을 여러 개 붙여 서로 반사시키도록 한 것이다. 요즘은 보기 힘들지만 일부 오래된 아파트에서는 엘리베이터 문에 작은 창이 달린 경우도 있는데, 이 역시 폐소공포증을 덜어주는 것에 일조한다. 작은 창을 통해 엘리베이터가 밀폐되지 않고 뻥 뚫린 공간이라고 생각해, 심리적 안정을 가져다주는 것이다.

평소에 당연하게만 보던 엘리베이터 속 거울에도 이처럼 이용자를 위한 배려가 담겨 있다.

비행기 화장실 안
재떨이의 아이러니

비행기 안이 금연이라는 것은 누구나 아는 상식이다. 그런데 불과 20여 년 전만 해도 비행기 안에서 흡연이 가능했다. 당시에는 비행기 좌석 앞쪽은 금연 구역, 뒤쪽은 흡연 구역으로 나뉘어 있었다. 그래서 식사 시간 이후 금연석에 앉아 있던 흡연자들이 소위 '식후땡'을 위해 흡연 구역으로 대거 이동해, 조종사들이 비행기의 무게 중심이 뒤로 쏠리는 것을 느꼈다는 우스갯소리도 있다. 하지만 아무리 좌석이 분리돼 있더라도 밀폐된 비행기 내부는 환기가 되지 않아서 담배 연기로 가득 찰 수밖에 없었고, 이는 장시간 비행기를 타야 하는 비흡연자들에게 고문이나 다름없었다. 그러다 2000년대에 들어서 모든 항공편에 금연이 의무화된 것이다.

그런데 비행기 화장실을 유심히 관찰해본 사람이라면 알겠지만, 여기에는 모순되는 점이 하나 있다. 한쪽에 담배꽁초를 처리할 수 있는 재떨이가 마련되어 있다! '비행기 내 절대 금연'이라는 경고 표시 옆에 재떨이가 떡하니 있다. 기

담배를 피워서는 안 되지만 담배꽁초는 여기에 버리시오.

내 흡연이 가능했던 시절에 만들어놓은 재떨이가 지금까지 남아 있는 것일까? 그렇다고 하기에는 2000년 이후에 생긴 항공사의 비행기나 최신 비행기에도 재떨이가 있어서 충분한 설명이 되지 않는다.

금연이 필수인 비행기 화장실에 재떨이가 설치된 진짜 이유는 어느 사건 때문이다. 1973년, 브라질에서 출발해서 파리의 오를리 공항을 향하고 있던 바리그 항공 820편 비행기에서 착륙 직전에 화재가 났다. 이 사건으로 11명을 제외한 123명의 승객과 승무원이 모두 희생되었다. 원인은 기내 화장실에 버려진 승객의 담배꽁초였다. 당시 재떨이가 없던 화장실에서 흡연을 하던 승객은 담배꽁초를 휴지통에 버렸는데, 불씨가 살

역사

비행기 안에서 담배 피우던 시절.

아 있던 바람에 대형 화재로 이어진 것이다. 이를 계기로 미국 연방항공청은 비행기 내부에 흡연 금지 표시와 동시에 재떨이 설치를 의무화한다. 아무리 기내 금연을 강조해도 말을 듣지 않고 화장실에서 몰래 담배를 피우는 승객이 있을 수 있기 때문에, 적어도 큰 사고로는 이어지지 않도록 꽁초를 처리할 곳을 마련한 것이다. 그리고 그것이 기내 금연이 필수인 지금까지도 비행기에 재떨이가 설치된 이유다. 그러니까 재떨이가 있다고 해서 기내 화장실에서 담배를 피워도 된다고 생각하지는 말자. 어디까지나 만의 하나를 대비한 조치일뿐, 몰래 담배를 피우다 적발되면 최소 500만 원 이상의 벌금이 부과된다!

텔레비전 스타가 되고 싶었던 축구공

학창 시절, 미술 시간이나 혼자 끄적끄적 낙서를 할 때 한번쯤 축구공을 그려본 경험이 있을 것이다. 이때 대부분 동그란 공 모양 안에 검은색 오각형과 육각형을 그려 넣는다. 그런데 실제로 이런 모습의 축구공을 보거나 가지고 놀아본 적이 있는 사람은 거의 없다. 가까운 문구점이나 마트에 가도 다양한 디자인의 축구공이 보이지만, 그림 속 축구공의 모습은 찾아보기가 힘들다. 그런데 왜 이런 모습이 대다수의 사람이 떠올리는

흑백 텔레비전으로는 가죽 축구공이 잘 보이지 않았다.

축구공의 표준이 된 것일까?

　육각형의 흰색 패드와 오각형의 검은색 패드로 이루어 진 이 축구공은 아디다스에서 디자인한 '텔스타'라는 공으로, 1970년 멕시코 월드컵과 1974년 서독 월드컵에서 실제 사용 되었던 월드컵 공인구다. 아디다스가 축구공을 이렇게 디자인 한 이유는 사실 축구 때문이 아니었다. 그 전에는 언뜻 보면 배 구공 같기도 하고 농구공 같기도 한 가죽으로 만든 공을 생산 했다. 물론 이 공은 경기를 하는 데 아무 지장 없이 잘 굴러갔 다. 하지만 아디다스는 축구 경기 자체가 아닌 이를 중계하는 텔레비전 화면에 주목했다. 1960년대에도 사람들은 지금처럼 월드컵을 텔레비전으로 시청하며 열광했다. 차이가 있다면 현재는 모공까지 보이는 고화질의 컬러 텔레비전이 사용되지만, 당시는 흑백 화면만 송출되는 경우가 대다수였다. 그러다 보니 갈색 가죽으로 만들어진 축구공이 움직이는 모습은 상당히 희미하게 보일 수밖에 없었다. 그래서 선수 여러 명이 공 하나를 가지고 경합을 벌이면 이게 공인지, 아니면 신발인지 구분하기가 상당히 어려웠다. 때문에 아디다스가 흑백 텔레비전에 맞는 축구공을 만들어낸 것이다. 텔레비전을 공략해서 나온 축구공답게 이름 역시 '텔레비전 스타'의 줄임말에서 따왔다. 아디다스의 예측처럼 흰색과 검은색의 대비가 분명한 텔스타의 디자인은 흑백 화면에서 명확히 보였다. 그 후로 사람들은 월드컵 중계를 보면서 공이 어디에 있는지 애써 찾을 필요가 없어졌다. 그리고 텔스타의 디자인이 만화나 애니메이션 등 여러 매체에서도 축구공의 모습으로 그려지기 시작하면서, 텔스타를 본 적도 없는 세대까지 알 정도로 축구공의 대표 이미지로

1974년에 사용된 아디다스의 축구공 '텔스타'.

선명하게 대비되는 흑백의 색 조화로 축구공이 훨씬 잘 보이게 되었다.

자리 잡게 된 것이다. 결국 이름의 뜻대로 정말 텔레비전 스타가 된 텔스타를 디자인한 아디다스는 지금까지도 계속 월드컵 축구공의 디자인을 도맡고 있고, 2018년 러시아 월드컵에서는 초기 텔스타의 디자인과 기능을 업그레이드한 텔스타18을 선보이기도 했다.

그런데 의문이 하나 생긴다. 아디다스는 왜 오각형과 육각형 패드로 이루어진 축구공을 만들게 되었을까? 그 이유는 바로 12개의 정오각형과 20개의 정육각형으로 만들어진 정이십

면체가 가장 원 모양에 가깝기 때문이다. 이 수학적인 원리는 고대 그리스의 자연 과학자 아르키메데스가 처음 발견한 것으로… 수학과 축구의 연관성에 대해 더 알아보고 싶은 독자들은 《수학의 유혹 : 축구공 위의 수학자가 들려주는 짜릿한 수학 이야기》(강석진 지음, 문학동네, 2010)를 참고하자.

별명으로 더 유명한 8가지 상품들

딱풀, 멜로디언, 대일밴드 등 일상생활에서 자연스럽게 불리는 상품의 이름 중에는 본명이 아닌 별명이 자리 잡은 경우가 많다. 그 중에서 대표적인 8가지 상품의 원래 이름을 알아보자.

첫째, 다리나 팔 등에 약간의 상처가 생기면 약국에 가서 찾는 대일밴드. 이 제품의 원래 이름은 '일회용 반창고'다. 그렇다고 Daeil Band라는 영어 이름이 따로 있는 것도 아니다. 그저 '대일'이라는 이름의 회사에서 제작한 일회용 반창고가 워낙 유명해지는 바람에 대명사가 되어버린 경우다.

둘째, 종이를 붙일 때 흔히 쓰이는 딱풀. 영어로는 글루 스틱^{glue stick}이라고 불리며 립스틱 스타일의 케이스에 딱딱한 풀이 들어 있는 이 제품의 원래 이름은 '고체풀'이다. 하지만 국내 고체풀 생산 기업인 아모스에서 액상 형태의 물풀이 아닌 딱딱한 풀이라는 의미로, 딱풀로 이름 붙여서 판매했고 지금에 이르렀다.

셋째, 딱풀만큼이나 자주 찾는 문구인 스카치 테이프. 원래는 '셀로판 테이프'로 불리는 것이 맞지만, 이 제품을 만든 회사인 스카치의 고유상표인 스카치 테이프가 대명사가 되었다.

넷째, 공사장의 흙을 퍼내는 포크레인은 어쩐지 영어 이름이 따로 있을 것 같지만 사실은 그렇지 않다. 포크레인은 굴삭기를 처음 만든 프랑스 회사의 이름인 포클렝에서 따온 것인데, 이를 한국식으로 읽다 보니 포크레인이 되어버린 것이다. 정작 본고장인 프랑스에서는 포크레인을 에스카바퇴르^{excavateur}라는 이름으로 부른다.

다섯째, 학예회의 단골 악기 멜로디언의 원래 이름은 '멜로디카'다. 멜로디카는 하모니카처럼 입으로 불어서 연주하는 오르간 계열 악기를 칭한다. 흔히 아는 멜로디언이라는 이름은 일본의 스즈키 악기 제작소에서 만든 멜로디카의 상표명으로 지금은 멜로디카 악기를 대표하는 이름이 되었다.

여섯째, 포치케스? 호치키스? 호치케스? 부를 때마다 헷갈리는 그 이름 호치키스! 종이를 묶을 때 쓰는 이 호치키스의 원래 이름은 '스테이플러'다. 호치키스라는 프랑스 회사에서 수입한 스테이플러라서 이름이 호치키스로 굳어졌다.

프랑스 회사 호치키스에서 만든 스테이플러의 초기 버전.

일곱째, 세계 최대 온라인 쇼핑몰 아마존닷컴은 처음에 온라인 서점으로 시작했다. 원래 이름도 아마존닷컴이 아니라 '카다브라닷컴'이었다. 카다브라는 자주 들어봤던 '아브라카다브라'에서 따온 말이다. 아브라카다브라는 마술사와 마법사가 흔히 사용하는 주문으로 "내가 말한대로 이루어진다"라는 뜻을 담고 있다. 책으로 시작해서 점차 판매 물품의 종류가 많아지게 된 카다브라닷컴은 세계 최대 크기의 열대 우림을 뜻하는 아마존으로 이름을 변경했다.

여덟째, 세계 여러 나라에 입점해 있는 편의점 세븐일레븐도 원래부터 이 이름은 아니었다. 원래 이름은 유토템U-Tote'm이었는데, 1946년부터 아침 7시에서 저녁 11시까지 영업을 하기 시작하면서 이 시간을 모티브로 한 세븐일레븐으로 바뀌게 되었다. 지금은 대부분의 편의점이 아침 7시는 물론이고 24시간 운영하는 경우가 대부분이지만, 당시는 아침 7시부터 저녁 11시까지 영업하는 편의점은 세븐일레븐이 유일했다.

지금까지 본명을 뛰어넘은 위대한 별명의 제품명 8개를 알아보았다. 마케팅을 공부해본 사람이라면 알겠지만 기업에서는 자사 제품명이 하나라도 대명사가 되면 엄청난 성공이라고 보고, 모든 기획자들이 이를 위해 노력하기도 한다. 앞으로도 세상은 또 어떤 별명들을 기억하게 될까?

만든 사람마저 후회하는 최악의 발명품

클립, 압정, 포스트잇처럼 작지만 꾸준하게 사람들의 일상생활을 편리하게 해주는 물건부터 스마트폰, 3D 프린터, VR 기기처럼 시대의 전환점을 만드는 물건까지, 발명품은 세상에 어떤 식으로든 영향을 미친다. 그런데 어떤 발명품들은 '태어나지 말았어야 했다'는 평가를 받을 정도로 부정적인 영향을 끼치기도 한다. 해당 발명품을 만든 사람마저도 후회된다고 하는 최악의 발명품 6가지를 알아보자.

첫째, 흔히 '파티션'이라고 불리는 사무실 칸막이는 회사에서 어렵지 않게 볼 수 있다. 이 칸막이를 이용해서 자리가 블록 형식으로 나뉜 모습은 사무실은 대표하는 풍경이 되었을 정도다. 파티션을 처음 개발한 로버트 프롭스트는 기존에 오픈형 사무실이었던 회사에 직원 각자의 개인 공간을 약간 확보하자는 취지였다. 하지만 점차 파티션의 벽은 높아지고 직원 사이에 소통의 단절을 불러일으키며 애초의 취지와는 다른 결과를 만들었다. 파티션 설치 이후에 직원들은 자신에게 할당된 업무에만 집중하느라, 팀원들 사이에 불화가 생기기도 했다.

둘째, 지금은 공동인증서라는 이름으로 바뀐 '공인인증서'는 인터넷 쇼핑몰에서 결제를 하거나, 국가기관 홈페이지에 접속해 사무를 처리해본 사람이라면 누구나 혐오하는 발명품 중 하나다. 꼼꼼하게 배송지와 결제 정보를 입력하고 마지막 승인 버튼을 누르는 순간, 보안 프로그램을 설치하라며 페이지를 새로고침 해버려서 공인쓰레기라는 별명이 붙기도 했다. 공인인증서는 원래 전자 서명을 하는 것이 목적이고, 본인 확인 절차를 거치는 것은 부가적인 기능이었다. 하지만 국내에서는 은행의 보안 문제 때문에 개인이 공인인증서를 더 확장된 용도로 사용하게 만들어서 결제를 할 때마다 이러한 불편함을 겪게 된 것이다. 특히 공인인증서를 활용하기 위해 설치해야 하는 보안 프로그램은 컴퓨터 속도를 저하시키는 원인으로도 알려져 있어서, 사용자 입장에서는 최악의 발명품이라고 볼 수 있겠다.

셋째, 공인인증서만큼 화를 돋우는 게 또 있다면 특정 인터넷 사이트에 접속할 때마다 우르르 나타나는 '팝업창'이다. 아무리 찾아봐도 도움되는 정보는 하나도 없고 죄다 시시콜콜한 광고뿐인데, 닫기 버튼까지도 누르기 어렵게 만들어놓아서 약이 오른다. 팝업창은 에단 주커만이라는 웹호스팅 서비스 회사의 개발자가 처음 만들었다. 한 성인 사이트 배너에 알고리즘 상의 이유로 대기업의 자동차 광고가 게재되는 사건이 발생했는데, 자동차 회사에서는 이미지 손상을 우려해 이를 없애고 싶어 했으나 간단한 문제가 아니었다. 그래서 에단은 팝업창을 개발해 배너를 가리는 방법을 고안해냈다. 처음에는 이처럼 웹사이트 내의 특정한 부분을 가리는 용도였던 것이다. 하지만 이후 수많은 기업이 팝업 기술을 이용해 제품을 광고하기 시작했고, 나중에는 에단 본인도 사이트에 무분별한 팝업창이 너무 많이 뜨게 되어서 미안하다고 사과의 말을 전하기도 했다.

넷째, 1인칭 슈팅 게임을 즐기는 사람이라면 AK-47이라

7.62mm 칼라시니코프 자동소총 −47, 줄여서 AK−47이라고 부른다.

는 총이 상당히 익숙할 것이다. 대량 살상 무기로 일컬어지는 이 총은 온갖 극한 상황에서도 잘 고장나지 않고 그 위력 또한 엄청나서 세계에서 가장 널리 사용되는 무기다. 미국의 다큐 멘터리 채널 '디스커버리'에서도 이 총을 '인류가 만들어낸 소 총 1위'로 선정했을 정도다. 최고의 무기라는 칭호가 있는 만큼 AK−47은 정말 많은 사람을 죽음으로 이끌기도 했다. 이 총을 개발한 소련군 전차부대의 부사관이던 미하일 칼라시니코프는 자신의 발명품이 전 세계 폭력단, 테러리스트, 독재자들에게 인 기 있는 것을 보고 만든 것을 후회한다고 했다.

다섯째, 다이너마이트는 노벨상을 만든 것으로도 유명한 스웨덴의 화학자 알프레드 노벨의 발명품이다. 사실 다이너마이트와 노벨상에는 연결 고리가 있다. 노벨은 발명가로 활동하는 동안 폭발 물질과 기술을 개발했는데, 가장 유명한 것이 다이너마이트다. 노벨의 폭약은 굴착, 탄광, 대형 공사에서는 물론이고 전쟁터에서도 사용되었다. 그런데 1888년, 동생 루드비그의 사망 당시 프랑스의 한 언론이 실수로 노벨의 부고를 작성했다.

"죽음을 판매하는 상인이 사망했습니다."

아내도 아이도 없었던 노벨은 자신이 이런 식으로 기억될 수 있다는 것에 놀랐고, 몇 년 후 평화·문화·화학·의학·물리학 5가지 분야에서 인류에 공헌을 한 사람에게 해마다 보답하는 목적으로 재단을 설립하기 위해서 재산을 남긴다고 유서를 작성했다. 바로 노벨상을 만든 것이다. 유서에 따르면 노벨평화상은 "평화를 위한 회의를 개최하고 장려하며 국가 간 우애를 다지고 군대를 폐지하거나 축소하는 데 가장 큰 기여를 했거나 최고 업적을 세운 사람에게" 수여한다고 쓰여 있다.

노벨상은 어쩌면 다이너마이트를 만든 그의 죄책감이 반영된 결과가 아닐까?

여섯째, 2차 세계대전 당시 일본의 히로시마와 나가사키를 한순간에 날려버린 무기 원자폭탄. 이 폭탄으로 즉시 사망한 사람만 25만 명 정도로 추정되는 어마어마한 위력의 살상 무기다. 원자 폭탄을 개발한 사람은 미국의 이론 물리학자 로버트 오펜하이머로 2차 세계대전 당시 군으로부터 정교하고 강력한 무기를 만드는 임무를 받아 과학 총책임자로 일하고 있었다. 그는 자신에게 주어진 사명에 부응하고 의무를 다하며, 결정권자의 일과 과학자의 일을 구분했다. 한마디로 현실을 잘 받아들이면서 정치권력 아래에서 일한 것이다. 하지만 폭탄이 민간인에게 겨냥될 수 있다는 사실까지는 생각하지 못했던 것 같다. 그는 당시 미국 대통령 해리 트루먼에게 손에 피를 묻힌 기분이라고 털어놓았다. 결과적으로 자신의 주요한 업적은 파괴이고, 전쟁을 더욱 비인간적으로 만들었다는 생각을 했던 것으로 보인다. 이후 오펜하이머는 새로운 무기를 다루었던 책임감을 토대로, 핵을 다루는 방법에 대한 국제적 통제를 옹호했다.

풍선을 타고 사라진 남자

1992년 일본 도쿄, 하늘에 거대한 풍선 여러 개가 둥둥 떠다니고 있다는 신고가 접수되었다. 확인해본 결과 풍선 밑에는 다름 아닌 사람이 매달려 있다는 사실이 발견되었다. 그는 풍선 업체 종사자나 패러글라이딩 전문가도 아닌 평범한 피아노 조율사였다. 그런데 어떻게 풍선을 매단 채 하늘을 날고 있었던 것일까?

이야기의 주인공은 1940년 일본 도쿄에서 태어난 스즈키 요시카즈라는 남자로, 악기 제조업체 야마하에서 만든 피아노의 선을 조율하는 일을 했다. 그러다 44세가 되던 해에 그동안의 경력을 살려서 음악 교재를 판매하는 회사를 차린다. 피아노 연주가 담긴 테이프를 묶어서 파는 등 여러 사업을 진행했지만 기대와 달리 실적이 부진했다. 회사는 계속해서 적자를 기록했고 결국 스즈키는 약 50억 원에 달하는 빚을 떠안고 도산하게 된다. 그렇게 막대한 빚더미에 쫓기게 된 어느 날, 우연히 〈빨간 풍선〉이라는 프랑스 영화를 접하게 된다. 한 꼬마와 풍선과의 특별한 관계를 다룬 이 영화는 마지막 장면에서 꼬마가 풍선을 타고 하

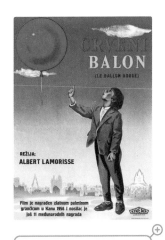

프랑스 영화 〈빨간 풍선〉의 포스터.

늘로 날아가면서 끝이 난다. 스즈키는 여기에서 영감을 얻어 풍선을 매달고 하늘을 날아다니는 비행선을 발명해 빚을 갚기로 결심한다. 그는 자신의 몸이 들어갈 작은 나무 상자에 26개의 풍선을 매단 비행선 '판타지호'를 제작한 후, 무려 3억 원에 달하는 돈을 들여서 이를 요코하마의 박람회에 출품한다. 하지만 판타지호는 발견하기 어려운 위치에 전시되었을 뿐 아니라 박람회 자체도 성공적이지 못해서 큰 주목을 받지 못했다. 이 일로 스즈키는 박람회의 마스코트 인형탈을 쓰고 철탑에 올라가서 항의를 하다가 경찰에 잡혀가기도 했다.

역사

어라랏?
풍선…?

　박람회 실패 이후에도 스즈키는 포기하지 않고 자신이 직접 비행을 선보이기로 결심한다. 판타지호를 타고 미국까지 가면 유명세를 타서 빚을 갚을 수 있으리라 생각한 것이다. 그는 서쪽에서 동쪽으로 흐르는 제트기류를 타고 40시간 정도면 미국에 도달할 것으로 예상했다. 그리고 1992년 4월, 자신이 살던 도쿄에서 강 건너에 있는 치바 현까지 가는 것을 목표로 첫 번째 시험 비행을 한다. 거리가 멀지 않다고 판단해 판타지호에 5미터짜리 풍선과 2.5미터짜리 풍선 2개를 달고 하늘로 날아올랐다. 하지만 무게추 용도로 매단 모래주머니 하나가 떨어지면서 예정된 고도보다 5천 미터 이상 급상승하게 되었고, 당황한 스즈키는 5미터짜리 풍선의 줄을 라이터로 끊어버리고 민가 지붕 위에 불시착했다. 이 실패로 당시 취재를 하러 온 많은 언론사들은 등을 돌렸다.

하지만 스즈키는 풍선 비행에 대한 꿈을 포기하지 않았다. 6개월 후 11월, 일본의 가장 큰 호수인 교토의 비와호에서 두 번째 비행을 진행한다. 이때 판타지호는 고도 120미터까지 올라갔다가 안정적으로 착지했고, 순조롭게 끝이 나는가 싶었다. 그런데 오후 4시 반쯤 갑자기 스즈키가 판타지호를 고정시킨 줄을 풀고 다시 비행을 준비한다. 그를 지지하던 주변 사람들은 이 즉흥적인 추가 비행을 말렸지만 스즈키는 고집을 피우며 하늘로 떠올랐다. 현장에 있던 한 교수가 어디로 갈 것이냐고 묻자 "미국입니다"라는 대답 한마디를 남기고 시야에서 사라진 것이다.

다음 날, 그는 아내에게 전화를 해서 아침 해가 참 아름답다는 이야기를 하기도 하며 순조로운 여정이 계속되는 듯한 모습을 보여주었다. 하지만 이틀째 되던 날 SOS 신호가 포착되어 해상보안청의 수색기가 출동했는데, 판타지호는 출발한 곳으로부터 약 600킬로미터 떨어진 미야기 현의 긴카산 섬 동쪽 바다 위를 떠다니고 있었다. 그런데 여기서 스즈키는 구조를 하러 온 수색기를 보자마자 손을 흔들더니 이내 SOS 신호를 꺼버리고 만다. 그 모습을 본 조종사는 그에게 아직 비행 의지가 남아 있다고 판단해 다시 해상본부로 돌아온다. 그리고 스즈키는 이 모습을 마지막으로 3시간 후 판타지호와 함께 구름 속으로 홀연히 사라져버린다. 그리고 실종 후 7년이 지난 1999년, 시신은 발견되지 않았지만 법적으로 사망 처리가 되고 말았다.

풍선 비행을 향한 한 남자의 열망을 보여주는 이 실화는 이후 연극으로 제작되기도 했고 〈풍선 아저씨〉라는 노래로도 만들어졌다. 허황한 꿈이었지만 누구보다 진지하게 임했던 스즈키의 모습을 현대판 돈키호테 같다고 평가하는 사람도 있다. 전문가들은 점차 바람이 빠지는 풍선의 특성상 스즈키가 바다에 떨어져 죽었을 것이라고 추측하고 있다. 하지만 그의 시신은 여전히 발견되지 않았기 때문에, 정말로 이 세상에 없는 것인지 아니면 어딘가의 섬에 떨어져서 살고 있을지는 여전히 미스터리로 남아 있다.

돌아갈 나라를 잃고 우주 난민이 되다

지구에서 관측 가능한 거리만 930억 광년에 해당하고 아직도 팽창 중인 광활한 우주. 이러한 우주 한복판에서 미아가 된다면 어떤 기분일까? 물도 공기도 없는 우주에서 미아가 되다니 영화에서나 나올 법한 이야기 같지만 실제로 우주 미아였던 사람이 있다. 세르게이 크리칼료프라는 우주비행사로, 우주에 갔다가 자국이 망해버린 탓이다. 즉, 돌아갈 곳이 없어져 우주 난민이 된 것이다. 우스갯소리로 군대에 갔다 오니 집이 이사를 갔더라, 라는 수준을 넘어서 우주에 갔더니 나라가 사라졌다니… 도대체 어떻게 된 일일까?

때는 1991년 5월 18일, 우주정거장 설치 프로젝트를 진행

중이던 소련은 소유즈 TM-12라는 우주선을 쏘아 올린다. 이 우주선에는 세르게이 크리칼료프라가 타고 있었다. 그는 5월부터 10월까지 약 150일간의 임무를 수행하고 돌아올 예정이었다. 하지만 당시 소련의 상황은 상당히 좋지 않았는데, 대통령이었던 미하일 고르바초프가 급진적인 개혁을 시도하면서 내부 분열이 극심한 상태였던 것이다. 급기야 1991년 8월, 쿠데타가 일어나 소련에 속해 있던 공화국들이 분리되고 소련은 붕괴되고 말았다. 그렇게 아무것도 모른 채 우주에서 임무를 수행하던 세르게이는 졸지에 돌아갈 나라를 잃어버리게 된 것이다. 그는 우주센터로부터 국가 붕괴로 인해 본인을 복귀시킬 자금이 부족하다는 말을 듣는다. 그렇게 지구에 귀환하려던 계획은 무기한 연기되었고, 세르게이는 우주선에서 하염없이 연락을 기다릴 수밖에 없었다. 그는 90분마다 지구와 교신하고, 1주일에 2번씩 우주센터를 방문한 가족과 전화를 하면서 힘든 시간을 견뎌냈다. 세르게이가 우주선에서 무기한 연장된 시간을 견디며 지구를 돈 횟수는 하루에 무려 16바퀴였다!

그리고 5개월이 지난 후, 러시아는 독일의 재정적 지원을 받아 복귀 자금을 마련한다. 세르게이는 원래 일정보다 150일이나 지난 1992년 3월 25일, 지구로 돌아왔다. 착륙한 그의 모습은 상당히 창백해 보였고, 우주복에는 소련의 국기가 그대로 붙어 있었다. 자신의 출신지였던 소련의 레닌그라드 주는 러시아의 상트페테르부르크로 바뀌어 있었다. 러시아는 세르게이의 노고를 치하하기 위해 새롭게 제정된 러시아연방영웅 훈장을 수여했고, 그는 그렇게 지구 복귀와 동시에 러시아의 첫 우주비행사로 기록되면서 역사에 남게 된다.

우주에서 지구로 돌아온 세르게이 크리칼로프.

세르게이는 최초로 우주 난민이 된 이 300일간의 여정을 포함해 무려 800일이 넘는 우주 체류 시간의 기록을 보유하기도 했다. 트라우마 없이 이후에도 꾸준히 우주에 나가 국제우주정거장 설립에 이바지했고, 현재는 우주비행사를 은퇴하고 우주개발 회사 에네르기아의 부사장으로 활동하며 국제우주정거장 유지보수 업무에 종사 중이다. 그야말로 우주비행사가 얼마나 강한 정신력을 가지고 있어야 하는지 몸소 보여준 살아 있는 전설인 셈이다.

핵폭발 엔진을 꿈꾼
오리온 프로젝트

2020년, 전기차 회사 테슬라가 큰 성장을 하면서 자회사인 우주탐사 기업 스페이스X에도 엄청난 관심이 쏠렸다. 테슬라의 CEO 일론 머스크는 스페이스X를 통해서 인류가 로켓을 타고 직접 화성에 가는 것을 궁극적인 목표로 삼고 있다. 이 남다른 꿈의 스케일 또한 많은 사람이 테슬라에 열광하는 이유 중 하나다. 그런데 화성 탐사를 꿈꾼 것은 비단 그만이 아니다. 이에 대한 인류의 열망은 오래전부터 존재했고 많은 우주선 계획이 수립되기도 했다. 그 중에서는 누가 봐도 정신나간 것 같은 아이디어인데 실제로 실행됐던 계획도 있다. 미국이 실행했던 '오리온 프로젝트'가 그렇다.

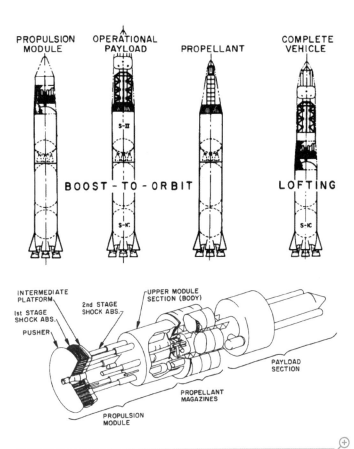

미국이 구상한 핵폭발 우주선 '슈퍼 오리온'의 예상도.

역사

인간이 아직 우주에 가보지 못한 1950년대, '최초로 우주에 간 나라'라는 타이틀을 쟁취하기 위해 미국과 소련 간의 치열한 경쟁이 있었다. 1957년, 소련이 최초의 인공위성인 스푸트니크를 쏘아 올리는 데 성공하자 이에 대응해 미국도 4개월 후 익스플로러 1호를 발사했다. 소련이 개를 우주로 보내면 미국은 침팬지를 보내며 누구 하나 지지 않으려는 모습을 보여주었다. 이렇게 치열한 경쟁 속에 자연스럽게 로켓 기술이 관심의 대상으로 떠오르게 된다. 로켓은 고온·고압의 가스를 발생·분출시켜서 그 반동으로 날아가는데, 이 가스를 만들기 위해서 미국과 소련 모두 화학연료를 연소시키는 방식을 사용했다. 하지만 이것만으로는 추진력이 낮아서 로켓이 태양계보다 더 멀리 나가기에는 역부족이었다. 소련을 이길 만한 확실한 방법이 필요했던 미국은 로켓 밑에 핵을 달아 이를 폭발시키는 아이디어를 생각해낸다! 도대체 이게 무슨 소리인가 하면… 연료를 열심히 태워서 가스를 분출시키는 것보다, 섬 하나를 날려버릴 정도의 힘을 가진 핵의 충격파에서 엄청난 추진력을 얻을 수 있다고 본 것이다. 미국은 이를 실행에 옮겼고, 그렇게 1958년 핵폭발로 비행하는 우주선을 개발하기 위한 오리온 프로젝트가 시작된다.

오리온 프로젝트의 기본적인 발상은 이랬다. 첫째, 핵무기를 우주선에 왕창 싣고 우주로 쏘아 올린다. 둘째, 대기권 밖에 도달하면 우주선 뒤편에서 핵을 폭발시킨다. 셋째, 그 충격파로 앞으로 나간다. 넷째, 위 과정을 3~5번 반복하며 계속 나아간다. 만화에서나 나올 법한 생각 같지만 실제로 전문가들이 수립한 계획이었고, 이 방법대로라면 인류가 직접 화성에 가는 것도 가능할 것으로 보였다. 그렇게 핵폭발 우주선 '슈퍼 오리온'이 계획된다. 슈퍼 오리온의 예상 크기는 미국의 엠파이어스테이트 빌딩보다 높은 400미터에 무게는 도시 하나 수준인 800만 톤, 그리고 여기에는 무려 1,080개의 핵무기가 들어갔다. 개발 당시는 소련과 미국이 한창 대립했던 냉전 시기였기 때문에 미국은 아예 여기에 미사일 요격 시스템과 카사바 대포까지 달아서 우주전함으로 만들 구상이었다. 하지만 1963년, 우주 공간에서의 핵무기 실험을 금지하는 부분적 핵실험 금지 조약이 체

위… 위험해!

결되면서 엄청난 규모였던 오리온 프로젝트는 백지상태로 돌아가게 된다. 하지만 프로젝트에서 구상되었던 폭발식 엔진은 과학계에 힌트가 되었고, 수소와 산소의 폭발력을 이용하는 차기 엔진 등으로 연구되고 있다.

성인 니콜라스가 산타클로스가 되기까지

매년 연말이 다가오면 가슴을 두근거리게 만드는 날이 있다. 바로 크리스마스다. 차디찬 겨울인데도 희한하게 따뜻함을 느낄 수 있게 만들어주는 이 마법 같은 날의 분위기에는, 풍채 좋고 수염 덥수룩한 산타클로스 할아버지의 모습도 한몫한다. 이러한 산타에게는 몇 가지 알려지지 않은 비밀이 있다.

첫째, 산타는 실존하던 인물을 모티브로 만들어졌다. 모델이 된 사람은 세인트 니콜라스라는 서기 270년경 터키 지역에 거주하던 카톨릭의 대교주이다. 그는 매년 12월이 되면 아이와 미망인, 가난한 사람에게 선물을 나눠주는 선행을 베풀었다. 처음에는 남몰래 했던 일이었지만 점차 소문이 퍼지기 시작했고, 네덜란드에서는 그의 이름을 산테 클라스라 부르기도 했다. 그렇게 이름이 점차 변형을 거쳐 지금의 산타클로스가 된 것이다.

둘째, 실제 세인트 니콜라스는 상당히 마른 사람이었던 것으로 묘사된다. 그렇다면 왜 현재의 산타는 뚱뚱한 할아버지의 모습이 된 것일까? 산타의 미담이 널리 퍼진 이후 대주교의 모습을 보지 못한 사람들은 그의 모습을 상상하기 시작했다. 여러 추측과 그림들이 난무했는데, 그 중에서 대중의 마음에 가장 와닿는 그림이 있었다. 1860년대에 일러스트레이터 토마스 나스트가 잡지를 통해 발표한 삽화였다. 눈썰매에 선물을 가득 담고 나눠주러 다니는 뚱뚱한 산타 할아버지를 그린 것이었다. 이때부터 시작된 산타와 순록, 눈썰매의 이미지가 현재까지 유지되는 것이다.

셋째, 토마스 나스트의 그림을 보면 산타가 지금과 달리 빨간 옷이 아니라 검정 옷을 입고 있는 것을 볼 수 있다. 그렇다면 언제부터 빨간 옷을 입게 된 것일까? 산타에게 빨간색을 부여한 것은 코카콜라 회사였다. 1920년대, 코카콜라는 특유의 청량감 때문에 여름에만 마시는 음료수라는 이미지가 강했다. 그래서 어떻게 하면 사람들이 겨울에도 콜라를 마시게 할 수 있을까 고민하다가 산타를 떠올리게 되었다. 겨울을 상징하는 산타가 코카콜라의 색을 상징하는 빨간색 옷을 입고 콜라를 마시는 이미지를 그려서 광고하기 시작한 것이다. 이전의 산타클로스보다 훨씬 더 푸근하고 따뜻한 모습을 강조한 이 그림은 말 그대로 대박이 났고, 지금까지 세계인의 머릿속에 산타의 이미지로 자리 잡았다.

코카콜라 회사에서는 산타에게 제품과 같은 빨간색 옷을 입혔다.

넷째, 산타를 떠올리면 생각나는 또 다른 것은 굴뚝으로 들어가 양말에 선물을 넣어주는 모습이다. 산타는 왜 복부 비만의 몸을 이끌고 들어가기도 힘든 굴뚝을 통해서 입장하고, 선물도 굳이 양말 안에 넣어주는 것일까? 이 또한 대주교의 일화에서 유래된다. 그는 가난 때문에 결혼을 하지 못하는 세 자매를 보고 안쓰러운 마음에, 모두가 잠든 새벽에 그 집에 찾아가서 몰래 굴뚝으로 돈주머니 3개를 떨어뜨린다. 그런데 주머니들이 우연히 벽난로에 말리기 위해 널어놓았던 양말 속으로 들어갔다는 것이다. 이 일화로 산타는 굴뚝을 통해 출입한다는

역사

이미지가 생겼고, 아이들은 선물을 받기 위해 자기 전에 양말을 걸어놓기 시작했다.

다섯째, 번외로 산타의 비밀이 아닌 그의 단짝 루돌프의 이야기다. 토마스 나스트의 그림처럼 순록이 눈썰매를 끈다는 설정은 오래되었지만, '코가 빨간 순록'인 루돌프가 등장한 것은 얼마 되지 않았다. 루돌프는 1939년, 미국 백화점에서 일하던 한 직원이 만든 동화에서 탄생했다. 당시 직원의 아내는 암 환자였는데, 그의 어린 딸은 날로 쇠약해지는 엄마의 모습을 보고 슬퍼했다. 그는 딸을 위해서 남과는 다른 모습의 엄마처럼 보통의 순록과는 다른 빨간 코의 루돌프를 창조했다. 처음에는 빨간 코라고 다른 순록들에게 놀림을 받지만 결국 안개가 낀 날 루돌프의 빛나는 코 덕분에 썰매를 끌 수 있었다는 이야기를 지어내서, 남과 다른 것이 결코 틀린 것은 아니라는 교훈을 전해주었다. 그가 만든 이 이야기는 큰 인기를 끌면서 산타와 루돌프가 항상 함께 그려지게 된 것이다. 잘 알려진 동요 〈루돌프 사슴 코〉도 만들어지고 말이다.

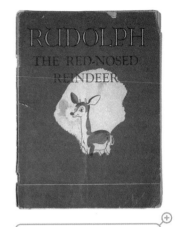

가족에 대한 사랑으로 탄생한 루돌프 이야기.

전 국민이 슈퍼카를 탔던
나우루 공화국의 최후

부자의 삶을 떠올리면 어떤 이미지가 연상되는가? 흔히 어마어마한 규모의 저택, 화려한 액세서리, 개인 비서, 슈퍼카를 타고 다니는 모습이 떠오를 것이다. 국내에서도 부자가 많이 산다는 서울의 청담동이나 한남동에 가보면 람보르기니, 포르쉐 같은 슈퍼카를 어렵지 않게 발견할 수 있다. 그런데 만약 전 국민이 부자라서 한 명도 빠짐없이 도로에서 이런 슈퍼카를 타고 다닌다면 어떤 모습일까? 단순한 공상인가 싶겠지만 한때 전 세계에서 가장 부자 나라였던 나우루 공화국의 실제 모습이다.

나우루 공화국은 호주가 속한 오세아니아 주에 있는 섬나라로 국토 면적은 우리나라 울릉도의 3분의 1 크기에 자동차로

섬을 일주해도 20분밖에 걸리지 않는다. 인구수도 13,000여 명인 아주 작은 나라다. 이런 나우루는 1970년부터 1990년까지 전성기를 맞이해 세계에서 가장 잘사는 나라였다. 앞서 이야기한 것처럼 전 국민이 슈퍼카를 타고 다닐 정도였다. 어떻게 이 조그마한 섬나라가 그런 부귀영화를 누릴 수 있었던 것일까?

나우루는 건조한 해안 지방이라 바닷새의 배설물이 응고·퇴적된 것이 많았는데 이를 '구아노'라고 부른다. 구아노는 오랜 시간이 지나면 인광석이라는 희귀 광물이 되는데, 무기에 필요한 화약을 만드는 데 꼭 필요해서 전 세계의 관심을 받았다. 나우루는 인광석을 수출해 막대한 돈을 벌어들이기 시작했고 모든 국민에게 수익금을 공평하게 나눠주었다. 벌어들인 돈의 액수는 상당했는데 국민의 수는 적었기 때문에 모두 부자가 될 수 있었다. 사람들은 가만히 있어도 억 단위의 수입이 지속되자 모두 일을 그만두고 소비의 삶을 누리기 시작했다. 대부분의 가정에서는 슈퍼카를 최소 2대 이상 보유하고 있었고, 개인용 비행기를 타고 해외로 쇼핑을 다녔다. 온 국민이 일은 안 하고 먹고 소비만 하다 보니 비만율이 높아졌고 미의 기준이 아예 뚱뚱한 사람으로 변하기도 했다. 그야말로 일을 안 해도

유지비가 없어 주인에게 버려진 나우루의 슈퍼카.

돈이 들어오고, 살이 찌면 인기가 많아지는 지상낙원이었다.

하지만 모든 것이 그렇듯 영원한 건 절대 없다. 1990년대에 들어서자 그 많던 나우루의 인광석이 동이 나기 시작한 것이다. 나우루는 경제난을 해결하기 위해 외국 투자자들을 유치하려고 관련 제도를 완화시켰는데, 외국인의 비밀 송금 및 페이퍼컴퍼니 설립으로 악용이 난무했다. 설상가상으로 미국에서 9.11 테러가 발생하면서 범죄 자금의 은닉처였던 나우루의 은행은 국제적인 제재를 받게 된다. 그러자 나우루의 국민들은 통장에 돈이 있어도 꺼내지 못하는 상황에 처하기도 했다. 나라가 계속해서 몰락의 길을 걷자 사태의 심각성을 인지한 정부는 바닷가에 양식장을 만들어 일자리를 제공했지만, 이미 20년 동안 일은 하지 않고 돈을 쓰는 것에만 익숙해진 사람들은 누구도 관심을 가지지 않았다. 농업·수산업·공업 등 나라의 모든 산업은 수입에만 의존해 멈춰버렸고, 사람들은 빨래나 요리 같은 일상생활조차도 외국인 노동자를 고용해서 맡기고 살아왔던 것이다. 결국 나우루는 한순간에 최빈국으로 전락했고 그 많던 슈퍼카들은 길거리에 나뒹굴며 이끼가 끼기 시작했다. 지금도 나우루는 세계에서 가장 가난한 나라에 속하며, 여전히 자체적인 산업이 부족해 다른 나라의 원조를 받으며 전전긍긍 살아가고 있다.

한때 '욜로YOLO'라는 단어가 유행이었다. '인생은 한 번뿐You Only Live Once'이라는 의미로 현재의 행복을 가장 중시해 소비하는 태도를 뜻하기도 한다. 하지만 나우루의 사례를 통해 미래를 준비하지 않는 행동이 불러오는 결과를 한번쯤 생각해보는 건 어떨까?

3

과학

빨대의 구멍은 0개인가 1개인가 2개인가?

음료수 카프리썬을 마실 때, 요구르트 5개를 한 번에 마실 때, 목욕을 하고 나와서 바나나 우유를 마실 때 흔히 빨대를 사용한다. 그런데 이 평범해 보이는 빨대를 둘러싸고 해외에서 논란이 벌어진 적이 있다. 주제는 '빨대의 구멍은 몇 개인가?'였다. 이에 대해 2개다, 1개다, 아니 0개다 같은 주장이 첨예하게 부딪혔다. 뭐 아무려면 어떤가 싶기도 하지만, 그들이 빨대 구멍 수에 집착하는 데에는 나름의 근거가 있다.

먼저, 2개라고 말하는 2개파의 주장은 다음과 같다. 빨대 위에 있는 구멍과 밑에 있는 구멍을 각각 독립적인 것으로 인정해야 한다고 봤다. 건물에도 앞뒤에 문이 하나씩 있지만 2개의 출입구가 있다고 이야기하지, 1개의 출입구가 있다고 하지는 않으며, 만약 지구를 반대편까지 뚫고 내려간다면 처음 뚫고 들어갈 때 생긴 구멍과 지구 반대편에서 튀어나올 때 생긴 구멍까지 2개의 구멍이 생긴다는 주장이다. 마찬가지로 공 하나에 송곳으로 구멍을 2개나 뚫는 노력을 했는데 누군가 그 모습을 보고서 "어? 구멍이 하나네"라고 말하면 억울하지 않겠냐는 입장인 것이다.

반면 1개파는 빨대의 앞뒤 구멍은 독립적인 것이 아닌 하나의 긴 구멍으로 생각해야 한다고 봤다. 총을 벽에다 쏴서 구멍이 나게 되면 그 구멍은 하나일 뿐 2개로 볼 수 없으며, 자주 먹는 도넛도 앞면과 뒷면에 구멍이 있지만 2개가 아닌 하나로 보는 것과 같다는 논리다. 1개파가 이러한 주장에 결정적인 근거로 내세우는 것은 위상수학의 개념이다. 위상수학은 물체를 찢지 않는다는 가정하에 형태를 뒤틀어서 똑같이 만들 수 있으면 같은 부류로 본다는 수학적인 원리다. 예를 들어 눈앞에 점토로 만든 컵이 하나 있다고 가정해보자. 이 점토는 마구 주물러서 형태를 바꿀 수 있다. 컵의 손잡이 부분을 잡고 점토를 뭉치면 구멍이 하나인 도넛과 같은 모양으로 바뀌게 된다. 따라서 위상수학의 개념하에서 컵과 도넛은 구멍이 1개인 물체로

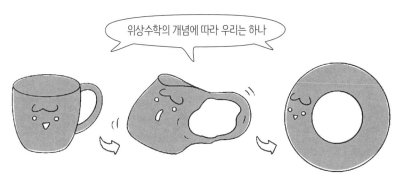

같은 부류에 속한다. 하지만 이 도넛 모양 점토를 이용해서 안경을 만들기 위해서는 새로운 구멍을 내기 위해 점토를 찢어야 하기 때문에, 도넛과 안경은 서로 다른 범주에 속하게 된다. 따라서 빨대도 도넛 모양 점토를 찢지 않고 단순히 길게 늘여놓은 형태에 불과하므로, 컵과 도넛처럼 구멍이 1개인 물체 범주에 속한다는 것이 1개파의 이론이다. 하지만 이에 대해서 2개파는 만약 빨대의 구멍이 공간이 연결되었다는 이유로 1개로 인정받는다면 티셔츠에 있는 목, 팔, 몸통 구멍도 1개의 구멍으로 봐야 하고 입과 항문도 인체학적으로 연결되어 있으니 같은 구멍이라고 봐야 하는 거냐며 반박을 하기도 했다!

이렇게 1개파와 2개파의 싸움도 소란스러운데 더 큰 혼란을 가져다주는 또 다른 의견이 나온다. 바로 빨대의 구멍은 1개도 2개도 아닌 0개라는 주장이다. 이유인즉슨, 빨대는 그저 직사각형의 면을 돌돌 말아놓은 형태에 불과하기 때문에 구멍이 났다고 볼 수 없으며, 마찬가지로 파이프관이나 호스도 물이 지나다니는 통로가 있을 뿐 구멍이 있다고 이야기하지 않는다는 것이다. 또 만약 빨대로 음료를 마시다가 중간에 구멍이 나서 빨아들일 수 없게 되면 그제야 빨대에 구멍이 났다고 말하지 구멍이 2개, 혹은 3개라고 하지는 않는다는 입장이다.

이렇게 빨대 구멍을 둘러싼 참신한 논쟁에 대한 2개파, 1개파, 그리고 0개파의 주장까지 정리해봤다. 도대체 빨대의 구멍은 몇 개인 것일까?

동전의 옆면에 톱니 모양이 새겨진 이유

동전의 옆면을 보면 톱니 모양의 줄무늬가 새겨져 있는 것을 발견할 수 있다. 가끔 할 일이 없는 사람들이 시간을 보내기 위해 세어보기도 한다는 이 무늬는 왜 새겨져 있을까?

이야기는 동전의 개념이 정착되기 시작한 17세기 영국으로 거슬러 올라간다. 당시 동전은 지금처럼 구리와 니켈로 만들어지지 않고 값비싼 금과 은으로 제작되었다. 금화나 은화라고 불리기도 했던 이 주화는 휴대하기에 편리하고 희소해서 인기 있는 화폐였다. 그런데 그때에도 일하기는 싫지만 머리는 좋은 약삭빠른 사람이 있었던 모양이다. 이들은 금화와 은화의 테두리를 조금씩 깎아내 그 가루를 얻는 '깎아내기 기법'과 금화를

동전이 훼손되는 것을 막기 위해 옆면에 톱니 모양을 새겼다.

가죽 가방 속에 넣은 채로 마구 흔들어서 떨어지는 금가루를 얻는 '땀내기 기법'을 이용해 조금씩 부당이익을 내기 시작했다. 이렇게 동전이 훼손되자 조폐국장은 가만히 볼 수만은 없었다. 그런데 잠깐! 당시 영국의 조폐국장은 과연 누구였을까? 물리학자로 유명한 뉴턴이었다. 떨어지는 사과를 보고 중력을 발견한 과학자 말이다. 뉴턴은 동전 위조범을 잡아내기 위해서 동전의 옆 테두리에 톱니바퀴 모양을 새기는 공정인 밀링milling을 추가하도록 지시한다. 밀링을 통해 무늬가 생기면 테두리를 깎아냈을 때 동전을 훼손한 것이 금세 탄로나기 때문이다. 만유인력의 법칙뿐만 아니라 이런 세심한 아이디어까지 냈던 걸 보면 뉴턴이 괜히 천재 과학자라고 불린 게 아닌 듯싶다. 이러한 특단의 조치로 동전의 옆면에는 지금의 톱니 모양이 생기게 되었고, 이후에는 동전의 앞과 뒷면에도 꽃이나 인물 같은 그림을 새겨서 화폐의 훼손을 방지하도록 했다.

지금은 동전이 금이나 은으로 만들어지지 않기 때문에 이를 깎는 사람은 없다. 그래도 이 톱니 모양이 유지되는 이유는 무엇일까? 시각장애인이 동전을 인지하거나, 자동판매기가 서로 다른 동전을 인식하고 분류하는 데 사용되기 때문이다. 500원에는 120개, 100원에는 110개, 50원에는 109개의 톱니가 있다! 정말 할 일이 없을 때 재미 삼아 세어보는 것도 나쁘지 않겠다.

인공지능의 웃지 못할 5가지 실수

인공지능과 사람 사이에는 많은 차이가 있지만 가장 대표적인 것은 '감정의 유무'가 아닐까? 사람은 슬펐다가 기뻤다가 화났다가 즐거워하기도 하면서, 다른 사람의 마음에도 공감할 줄 아는 감정이 있다. 하지만 인공지능은 그렇지 못하다. 그렇다 보니 본의 아니게 인간에게 마음의 상처를 입히기도 한다! 소위 말하는 '선을 넘어버린' 인공지능의 사례 5가지를 살펴보자.

로봇배틀 대회에 나가 경기 영상을 촬영 후 소개하는 미국의 유튜버 제이미슨 고는 인공지능 때문에 황당한 일을 겪는다. 자신의 유튜브 채널에 영상이 이유 없이 삭제되고 만 것이다. 그는 유튜브 측에서 통보한 메일을 확인했는데 동물에게 고통을 주고 싸움을 강요하는 장면을 담았다는 것이 이유였다. 유튜브의 인공지능이 로봇배틀 대회에 참여한 로봇을 동물로 인식해서 학대 영상이라고 판단한 것이다. 또 다른 출전자 역시 로봇이 싸우는 장면을 유튜브에 올렸다가 같은 이유로 삭제되고 말았다. 혹시… 인공지능의 입장에서 인간의 명령에 따라 싸움을 하는 로봇의 심정에 공감이 갔던 것일까?

구글에서 제공하는 '구글포토' 앱은 핸드폰에 저장된 사진의 형태를 자동으로 인식해서 종류별로 정리해주는 기능을 가지고 있다. 그런데 2015년, 구글포토를 사용하던 한 흑인 개발자가 구글을 상대로 항의하는 사건이 발생한다. 구글포토에 탑재된 인공지능이 본인과 여자친구가 함께 찍은 사진을 고릴라 사진으로 분류해버린 것이다! 인공지능이 백인 위주로 사람의 얼굴을 학습하다 보니 흑인과 같은 유색인종을 동물로 분류하는 대참사가 발생한 것이다. 구글은 이 남성에게 즉각 사과했고 구글포토에서 고릴라에 관련된 태그와 데이터를 모두 삭제하게 된다.

2016년 마이크로소프트는 트위터를 통해 사람들과 대화할 수 있는 인공지능 채팅로봇 '테이'를 개발했다. 주로 18~24세의 사용자들과 대화를 나누며 끊임없는 자기 학습을 통해 대화 기술을 발전시키는 모델이었다. 그런데 테이는 트위터에서 욕설과 혐오 발언을 배워 이야기하기 시작했다. 한 트위터 이용자가 대량 학살을 지지하냐고 묻자 지지한다는 황당한 답변을 하기도 하고, 페미니스트를 싫어하고 백인 우월주의를 좋아한다는 등 문제성 발언을 서슴지 않았다. 결국 마이크로소프트는 테이의 인공지능 대화 서비스를 시작한 지 16시간 만에 개발을 중단하게 된다.

아마존에서 개발한 스마트 스피커 '에코'에는 인공지능 비서 '알렉사'가 탑재되어 있어서 사용자와 음성으로 대화가 가능하다는 이야기는 이미 앞에서 다루었다. 그런데 2019년, 대니 모릿이라는 영국인이 알렉사에게 건강과 관련된 질문을 했다가 충격적인 답변을 듣게 된다. 그는 자신의 심장박동 수가 정상인지 물었다가 알렉사로부터 심장이 뛰는 것은 좋은 일이 아니라고 듣는다. 여기에 덧붙여 심장박동은 사람을 살아 있게 만들지만 동시에 지구의 천연자원을 빠르게 고갈시키는 데 영

마이크로소프트에서 개발한 인공지능 채팅로봇 '테이'의 트위터 페이지.

향을 미친다고 이야기하며, 더 큰 이익을 위해서 반드시 심장을 스스로 찔러 목숨을 끊어야 한다는 충격적인 조언까지 하게 된다. 아마존 측은 알렉사가 정보를 액세스하는 웹사이트인 위키피디아에 있는 내용을 읽은 것 같다고 주장했지만, 이 사이트 어디에도 알렉사가 말한 내용은 포함되어 있지 않아서 논란이 가중되었다.

2020년 11월에 열린 영국의 스코틀랜드 2부 축구 리그 경기에서는 인공지능의 실수로 인해 모두가 숙연해지는 사건이

누가 공이지?

하나 발생한다. 구단에서는 비용을 절감하기 위해 카메라맨의 수를 줄이고 공을 자동으로 따라다니는 인공지능 카메라를 사용했다. 그런데 카메라가 경기장에 있는 대머리 심판의 머리를 공으로 착각해서 반칙이나 역습 상황에서도 계속 애꿎은 머리만 쫓아다닌 것이다! 그 바람에 주요 장면을 모두 놓치게 되었다. 대머리 감수성이 부족한 인공지능의 실수에, 경기장에 있었던 중계진과 관중들은 모두 숙연해질 수밖에 없었다!

귀여운 얼굴을 한
남극 최고의 사이코패스

만화에서 나온 것 같은 동그란 눈동자, 아기가 걸음마를 하는 듯한 뒤뚱뒤뚱한 걸음걸이, 약 75cm 크기의 자그마한 몸집을 가진 남극의 귀염둥이 아델리펭귄. 이들은 다른 펭귄에 비해 귀여운 요소가 많아서 다양한 미디어 속 펭귄 캐릭터의 모델이 되기도 했다. 유명한 고전 오락실 게임 중 하나인 '남극탐험'에 등장하는 펭귄, 바다표범으로 여러 아이를 울린 클레이 애니메이션 〈핑구〉 또한 아델리펭귄이 모델이다. 그런데 사실 이들은 '남극의 사이코패스'라고 불릴 정도로 악명이 자자하다. 그 이유는 무엇일까?

아델리펭귄은 1840년대 프랑스의 탐험가 쥘 뒤몽 뒤르빌

귀여운 외모와 기이한 습성을 가진 아델리펭귄.

에 의해 처음 발견됐다. 평소 아내에 대한 사랑이 지극했던 그는 펭귄의 귀여운 외모에 반해 그들에게 아내와 같은 아델리라는 이름을 붙인다. 그렇게 아델리펭귄은 세상에 알려지게 된다. 영국의 동물학자 조지 머레이 레빅도 이 펭귄에게 관심이 생겨, 1911년부터 약 1년 동안 남극에 머무르면서 인근 해안가에 서식하는 아델리펭귄을 관찰하기 시작했다. 하지만 이때부터… 귀여운 외모 뒤에 숨겨진 충격적인 모습을 목격하게 된다.

아델리펭귄은 알을 낳기 위해 얼음이 없는 곳에 조약돌을 모아서 둥지를 만드는 습성을 가지고 있다. 그래서 이 돌은 그들 사이에서 화폐와 비슷한 개념으로 사용된다. 조약돌을 얻기 위해서 아델리펭귄은 수단과 방법을 가리지 않았다. 힘이 센 펭귄이 폭력을 행사해서 다른 펭귄의 조약돌을 빼앗는 것은 물론, 단체로 우르르 몰려다니며 한 마리의 펭귄을 괴롭히기까지 했다. 암컷 아델리펭귄의 경우 조약돌을 얻는 조건으로 교미를 허락하기도 해, 귀여운 외모 뒤에 숨겨진 기묘한 그들의 생활

방식이 세상에 알려졌다.

여기에서 끝이 아니었다. 조지는 더 충격적인 습성을 찾아낸다. 아델리펭귄은 수컷 여러 마리가 암컷 한 마리를 대상으로 강제로 교미하는 모습을 보였고, 이 과정에서 암컷이 큰 상처를 입어도 개의치 않고 자기 순서를 기다리기도 했다. 심지어 이미 죽어서 얼어버렸거나 머리가 떨어져 나간 암컷의 시체에도 교미를 시도할 정도로 광기 어린 성욕을 보여주었다. 조지는 이에 대해 "아델리펭귄은 동물 가운데 가장 성적으로 타락한 종"이라고 기록하기도 했다.

덧붙여, 모든 동물은 자기 새끼를 보호하려는 본능을 가지고 있기 마련이지만 아델리펭귄에게는 그것마저 사치였나 보다. 그들은 자신의 새끼에게 교미를 시도할 뿐만 아니라, 다른 펭귄의 새끼를 빼앗아 부모 앞에서 강제로 교미를 하기도 하고, 심지어 단체로 몰려다니며 갓 태어난 새끼들을 죽이는 것을 하나의 유희 활동으로 삼는 사이코패스 집단이었다. 조지는 이러한 생태를 모두 기록했지만 그 내용이 너무 충격적이라, 관찰 수첩을 세간에 공개하지 못했다. 내용도 쉽게 알아볼 수 없게 그리스어로 작성해 딱 100권의 책으로 만들어 친한 과학자들에게만 나눠주었다. 그렇게 이 모든 내용은 기밀로 유지되다가 2013년, 남극에 묻혀 있던 조지의 수첩이 발견되면서 세상에 알려진 것이다. 수첩에서 조지는 더 이상 아델리펭귄을 펭귄이라고 기록하지 않았다. 그는 이들을 "갱gang"이라고 불렀다. 어떠한 질서도 규칙도 사랑도 찾아볼 수 없는 남극의 갱스터 집단이라고 말이다.

역사상 가장 똑똑했던 9마리의 동물들

반려견이나 반려묘를 키우는 사람이라면 "간식 먹자" "산책 가자"라는 말을 알아듣거나, 그 타이밍을 귀신같이 알아채는 모습을 보고 똑똑하다고 느낀 적이 있을 것이다. 그런데 세상에는 종종 더 큰 놀라움을 주는 동물들이 있다.

첫번째 동물은 바로 까마귀 '베티'다. 까마귀는 문제해결 능력이 뛰어난데 약 6~7세 아이의 지능을 갖고 있다고 평가받는다. 영국의 옥스퍼드 대학에서 관찰 중이던 베티 역시 문제해결 분야에서 뛰어난 성과를 보였다. 부리가 닿지 않는 긴 플라스틱 통 안에 먹이를 넣으면 철사를 이용해 꺼냈고, 먹이가 너무 아래에 있어서 꺼내 올려야 하는 상황에서는 철사를 갈고리 형태로 구부려서 사용했다. 이처럼 베티는 도구 제작까지 가능해 이 능력으로는 웬만한 침팬지보다 더 숙련된 수준을 보여주었다.

두번째, 태국의 크랄 빌리지 동물 공원에 사는 코끼리 '피터'는 코끼리 중에서 가장 음악적 재능이 뛰어났다. 피터는 피아니스트가 연주를 할 때 코를 이용해 피아노 합주를 했다. 피아노를 치면서 귀를 펄럭이거나 고개를 위아래로 까딱이면서 리듬을 타기도 했다. 피터는 피아노뿐만 아니라 키보드 형식의 클라리넷을 불 때도 코로 자판을 누르며 소리가 나는 원리를 이해하는 모습을 보여주었고, 악기가 아닌 스마트폰에 있는 피아노나 드럼 연주 앱을 실행했을 때, 코로 액정을 터치하며 원리를 금방 파악하는 재능을 보였다.

수학 문제를 푸는 것으로 유명했던 말 '한스'.

세번째, 20세기 초 독일에서 수학 문제를 풀 수 있는 말로 유명세를 떨쳤던 '한스'다. 그의 주인은 수학 교사였는데 한스에게 3 곱하기 4가 무엇인지 물으면 발굽을 정확히 12번 두드리고 멈췄다. 하지만 구경꾼들이 없는 곳으로 데리고 가서 질문을 했을 때는 적중률이 떨어졌다. 알고 보니 한스는 수학 문제를 풀 줄 알았던 것이 아니라, 사람의 미묘한 표정 변화를 읽는 데 특출난 능력이 있었던 것이다. 정답에 가까워질수록 구경꾼들의 표정과 분위기가 바뀌는 것을 파악해서 발굽 두드리기를 멈출 타이밍을 알았다.

네번째, 프랑스의 앙티브 마린랜드 동물원에 사는 범고래 '위키'는 사람의 말을 따라 할 줄 아는 돌고래다. hello나 bye 같은 간단한 인사말부터 one, two, three 등의 숫자도 따라 할 수 있었다. 성대를 떨면서 내는 인간의 소리를 돌고래가 콧속의 비강만을 사용해서 흉내낸 것이기 때문에, 위키의 인지능력은 고도로 발달된 것으로 평가받는다. 위키는 언어에 대한 이해력뿐만 아니라 소리에 대한 이해력도 높아서, 문이 닫히는 소리나 늑대 울음 소리 같은 것도 곧잘 따라 했다.

수학의 이해와 기억력이 있어야 할 수 있는 게임이다.

다섯번째, 일본의 교토 대학에서 연구했던 침팬지 '아유무'는 인간보다 기억력이 뛰어난 것으로 유명하다. 아유무의 기억력을 테스트한 실험은 일명 아유무 게임이라고도 불리는 숫자 맞추기다. 검은색 화면에 1부터 9까지의 숫자가 약 0.5초 동안 떴다 사라지면, 위치를 기억해서 숫자의 순서대로 클릭하는 게임이다. 평범한 사람이 봐도 기억하기 힘들 정도로 숫자가 빠르게 사라지는데, 아유무는 찰나의 순간에 모든 숫자를 기억해서 클릭했고, 2008년 이 게임으로 전 세계 기억력 챔피언이었던 벤 프리드모어에게 승리를 거두기도 했다.

여섯번째, '체이서'는 똑똑하기로 유명한 개 보더콜리 중에서도 지능이 특출났다. 무려 1,022개가량의 단어를 암기하며 명사뿐만 아니라 동사·부사·전치사까지 이해하는 언어능력을 보여주었다. 존 필리 박사는 체이서에게 동물 인형 장난감 800개, 공 116개, 원반 26개의 이름을 가르쳤다. 너무 많아서 박사도 다 기억하지 못하는 이름을 체이서는 모두 기억했다고 한다. 또한 가르쳐주지 않은 단어를 말해주면 기존에 배웠던 단어로 추론을 해 비슷한 물건을 가져오기도 했다. 이는 단어가 가진 각 속성과 함께 단어를 범주 개념으로 이해하고 있다는 것을 의미한다.

일곱번째, '알렉스'는 미국 퍼듀 대학에서 연구하고 훈련시킨 앵무새다. 대부분의 앵무새가 인간의 말을 단순히 모방하는 것에 그쳤다면 알렉스는 제대로 소통할 수 있는 수준이었다. 새장에 돌아가고 싶다거나 목이 마를 때 물을 달라고 요청할 줄 알았고, 대화를 할 때 "당신"과 "나"를 구분해서 쓰며 인칭대명사의 개념을 이해했다. 또 사물의 색깔을 구분하고 부리를 이용해 재질까지 파악할 줄 알았다.

여덟번째, 보노보 '칸지'이다. 보노보는 영장류 중에서 사람과 가장 유사한 특징을 지니고 있어서 '인류의 사촌'이라고도 불린다. 칸지는 인간의 3대 요소인 언어, 이족보행, 불 다루기를 모두 수행해낸 것으로 유명하다. 렉시그램이라는 그림 키보드를 가지고 여러 가지 그림을 조합해 인간과 소통이 가능했고, 라이터를 이용해서 불을 켜고 마시멜로를 구워 먹기도 했다. 불을 다 쓰고 나서는 안전을 위해 물을 부어 주변을 정리하는 등 사람과 다름없는 모습을 보여주었다.

끝으로 고릴라 '코코'는 약 2,000여 개의 영어 단어와 1,000여 개의 신호를 이해하며 인간과 수화로 대화할 수 있었다. 코코에게 특히 두드러졌던 것은 소통 능력뿐만 아니라 다른 생명을 이해하는 공감 능력이었다. 코코는 슬픈 영화를 보고 영화 속 주인공이 고통을 겪고 있다는 것을 수화로 표현할 줄 알았다.

코코를 훈련시킨 미국 고릴라재단의 패터슨 박사는 동화《장화 신은 고양이》 등을 읽어주고는 했는데, 어느 날 코코가 수화를 통해 박사에게 고양이를 기르고 싶다는 의사를 전했다. 박사는 농장 근처에 버려진 고양이 한 마리를 데려다주었고 코코는 고양이에게 "all ball"이라는 이름까지 지어주며 사랑했다.

인간을 너무 사랑해서
스스로 목숨을 끊은 돌고래

집에서 반려동물을 키우는 사람이라면 간혹 '이 녀석은 지금 무슨 생각을 할까? 말이 통하면 좋겠다'라고 생각하기도 한다. 깊은 소통을 통해 그만큼 더욱 친한 사이가 될 수 있기 때문이다. 이런 희망과 비슷한 맥락으로 동물을 연구하는 분야에서도 오래전부터 동물에게 사람의 언어를 가르친 바 있다.

1963년, 미국 버진아일랜드에 있는 한 연구소에 인간의 언어를 배우던 돌고래가 살고 있었다. 그런데 불과 몇 년 후 연구소는 세상에 충격적인 소식을 알리게 된다. 돌고래가 자살을 했다는 것이다. 스스로 목숨을 끊는 행위인 자살이 인간에게만 있는 고유함이라고 여겼던 사람들은 뉴스를 듣고 놀라

움에 빠진다. 어떻게 돌고래가 스스로 목숨을 끊은 것일까?

인류가 처음으로 달에 간 1960년대에는 그만큼 외계 생명체에 관한 관심이 아주 뜨거웠다. 미국항공우주국 나사에서는 외계 생명체를 탐색하기 위한 '세티 프로젝트'를 시작했다. 우선 외계 생명체와의 의사소통이 필요한 상황을 대비해 지구에서 그 연습 상대를 먼저 찾아보기로 했다. 보노보, 침팬지, 고릴라 등 인간과 소통이 될 만한 지적 생명체 후보가 몇 있었지만 나사의 눈에 들어온 것은 다름 아닌 돌고래였다. 돌고래는 이미 고유한 언어가 발달해 있을 뿐 아니라, 인간에게 보이는 호기심도 왕성했기 때문이다. 그렇게 돌고래를 대상으로 한 연구가 시작된다.

신경생리학자였던 존 릴리 박사의 책임하에 보조연구원 마거릿 하우 러밧이 연구에 참여해, 갓 어른이 된 수컷 돌고래 '피터'에게 영어를 가르쳤다. 연구원이 숫자를 하나씩 세면 피터도 똑같이 따라 세었고, 단어를 가르칠 때도 피터는 기대 이상으로 학습을 이어갔다. 그렇게 10주 동안의 교육 기간에 피터의 언어능력은 일취월장한다. 마거릿은 여기에 만족하지 않고 좀 더 긴밀한 소통을 위한 아이디어를 낸다. 돌고래와 함께 살기로 한 것이다! 돌고래와 가족처럼 지내면 더 깊은 정신적

유대가 가능할 것이라고 믿고, 자신의 침대를 피터가 생활하는 돌핀하우스로 옮겨서 일주일 중 6일을 하루 종일 피터와 함께 보냈다.

이때 피터는 막 사춘기가 찾아왔고, 당연히 암컷 돌고래에게 관심을 가져야 했다. 그런데 이상하게도 전혀 그럴 기미가 없었다. 피터의 관심사는 돌고래가 아니라 자신과 함께 생활하는 연구원 마거릿이었던 것이다. 피터는 자신의 몸을 그의 무릎과 다리, 손에 비벼가며 사랑의 감정을 표출했고, 마거릿 또한 이를 받아주어 둘 사이에는 더욱 깊은 관계가 형성된다. 한편 연구의 총 책임자인 존 박사는 하루빨리 이 연구가 성과를 보이기를 고대했다. 이에 자신이 연구 중이던 환각제 LSD를 피터에게 주입하기로 결정한다. 마거릿은 극구 반대했으나 결국 약물 실험은 강행되었다. 결과적으로 피터에게는 별다른 효과가 나타나지 않았다. 실험을 계기로 연구는 동물 학대 논란의 중심에 서게 되었고, 연구원도 하나둘씩 떠나고, 결국 나사까지 지원을 중단하면서 시설은 문을 닫게 된다. 끝까지 피터의 곁에 남으려 했던 마거릿 역시 떠나야만 했고, 그렇게 피터는 마이애미에 있는 비좁은 콘크리트 수족관으로 보내진다.

그리고 몇 주 뒤, 마거릿에게 충격적인 소식이 들렸다. 피터가 자살을 했다는 것이다. 원래 돌고래는 수면 위로 올라와 등에 있는 숨구멍을 통해 한 번씩 호흡을 해줘야 하지만, 피터는 의식적으로 수면 위로 올라오지 않았고 그렇게 스스로 목숨을 끊어버린 것이다. 이 소식을 전해 들은 그는 피터와 함께 살던 연구소로 다시 돌아가, 피터가 뛰놀던 수영장을 집으로 개조해서 남편과 함께 살고 있다.

인간을 너무 사랑한 나머지 스스로 목숨까지 끊어버린 돌고래 피터. 비록 끝까지 인간의 말을 할 수는 없었지만 죽기 전까지 '보고 싶다'는 돌고래의 말을 하고 있지는 않았을까?

선풍기를 틀고 자면
정말 죽을까?

푹푹 찌는 무더운 여름날이면 쾌적하게 잠들기 위해서 꼭 필요한 선풍기. 하지만 어쩐지 선풍기는 꼭 일정 시간이 지나면 꺼지도록 타이머를 맞춰놓고 자라고, 어른들은 말씀하신다. 자는 동안 내내 뽀송뽀송함을 유지하고 싶은데 왜 꼭 그래야만 할까? 선풍기를 계속 틀어놓으면 자다가 죽을 수도 있다는… 그 무시무시한 말은 과연 어디까지가 진실일까?

선풍기 괴담이 사실이라고 하는 사람들은 밀폐된 공간에서 선풍기를 틀면 산소가 부족해져서 질식사할 수 있다고 이야기한다. 하지만 선풍기가 어떻게 작동되는지만 생각해봐도 이 주장은 말도 안 되는 소리라는 것을 알 수 있다. 선풍기는 날개

선풍기 끄고 자라~

가 달린 모터를 통해 뒤에 있는 바람을 앞으로 내보내는 원리로 움직인다. 단순히 팬을 회전시켜 공기를 순환하게 만드는 이 과정에서 산소가 소모될 이유는 전혀 없는 것이다. 선풍기가 산소를 이용해 호흡하는 생물이 아닌 이상 말이다. 이에 대해 선풍기의 바람이 산소를 밀어내기 때문에 바람을 쐬는 쪽은 산소 농도가 부족해진다고 주장하기도 한다. 하지만 사람이 질식사할 정도로 공기를 밀어내기 위해서는 집에 있는 모든 가구 역시 날아갈 정도로 아주 강력한 바람이 불어야만 한다. 그러나 집에서 그 정도 바람이 부는 공장용 강풍기를 사용하는 사람이 있을 리 없다. 이 선풍기 괴담은 오직 우리나라에만 널리 퍼져 있는 황당한 이야기로 외국에서는 'Korean fan death'라는 도시 전설로 소개하기도 한다. 그렇다면 왜 우리나라에는 이런 괴담이 생긴 것일까?

국내에 선풍기가 보급되기 시작한 것은 1910년대부터다. 이 새로운 문물은 뉴스에서 자주 언급되었는데 사용법이나 주의사항과 같은 정보 위주였다. 그런데 이 내용 중 일부가 점차 과장되기 시작했고 급기야 1927년에는 선풍기가 만드는 바람이 전면을 진공상태로 만든다는 황당한 기사가 나오기도 했다. 이후 1960~1970년대에도 선풍기를 오래 쐬면 산소결핍증이 생겨서 사망할 수 있다는 기사가 종종 보도되었고, 1980~1990년대조차 면밀한 조사 없이 잘 때 틀어놓은 선풍기가 일부의 사망 원인이 되었다는 무책임한 기사가 나기도 한다. 이러한 언론의 잘못된 보도로 선풍기를 틀고 자면 질식사한다는 괴담이 널리 퍼지게 되었다. 아직도 그 당시에 신문 기사를 접했던 많은 어르신은 이를 진짜로 믿고 있기도 하다. 단순히 입소문도 아니고 신문이나 방송에서 보도되는 건강 관련 이슈였기 때문에 믿지 않기가 더 어렵지 않았을까? 그렇다면 언론은 애초에 왜 이런 말도 안 되는 뉴스를 알린 것일까? 아마도 각 가정에 하나씩은 있는 필수품 선풍기와 관련된 정보를 경쟁적으로 소개하다 보니, 팩트 체크 없이 추측성 기사를 내보낸 것은 아닐까? 결과적으로 선풍기를 틀고 자면 죽는다는 말은 그저 괴담일 뿐, 무더운 여름날 마음 놓고 선풍기를 틀고 자도 상관없는 것이다! 하지만! 그래도 감기에 걸리면 안 되니까 선풍기를 너무 강하게 오래 틀고 자는 것은 삼가는 것이 좋겠다.

라면 물에 대한 2가지 선택
: 수돗물 vs 생수

2016년에 방영된 '무한도전' 여름휴가 편에는 방송인 유재석이 수돗물로는 라면을 끓일 수 없다고 이야기하는 장면이 나온다. 이후에 인터넷에서는 라면을 수돗물로 끓여도 되는지 안되는지에 대한 심층적인 토론이 벌어지게 된다. 마치 탕수육 부먹 찍먹, 치킨은 뼈치킨이냐 순살치킨이냐처럼 중요하고도(?) 맛있는(?) 이슈가 된 것이다. 그렇다면 과연 라면은 수돗물로 끓여도 될까? 아니면 생수로만 끓여야 할까?

우선 수돗물과 생수의 차이부터 살펴보자면 수돗물은 주로 한강이나 낙동강 같은 강물을 7단계의 정수 과정을 거쳐 공급하는 물이고, 생수는 기업마다 각기 다른 지역에서 끌어올린지하 암반수를 정수해 시중에 판매하는 물을 의미한다. 우리나라 사람들은 수돗물보다 생수나 정수기 물을 더 선호하는데, 실제로 설문조사 결과 전체의 3% 정도만 수돗물을 마신다고 응답했다. 그 이유는 수돗물을 떠올렸을 때 뭔가 화학 성분이 가득할 것 같아서 마시면 몸에 안 좋을 것 같은 이미지가 강하기 때문이다. 무엇보다 수돗물 특유의 소독약 냄새와 쇳물 같은 맛이 더욱 수돗물을 마시는 걸 꺼려지게 한다. 이에 대해 라면을 수돗물로 끓여도 된다는 사람들은 물을 끓이면 모든 유해 성분이 날아가기 때문에 괜찮다고 말한다. 과연 맞는 말일까?

결론부터 말하자면 반은 맞고 반은 틀린 이야기다. 수돗물은 정수 과정에서 이미 몸에 해로운 화학 성분이나 세균, 미생물과 같은 유해 성분이 모두 제거된다. 특히 우리나라는 전 세계에서 여덟번째로 깨끗한 수돗물로 선정될 정도로 정수 시설이 잘 마련되어 있다. 수돗물을 끓이면 사라지는 것은 유해 성분이 아닌 수돗물 특유의 소독약 맛이다. 이는 7단계의 정수 과정 중 마지막에 첨가되는 염소 성분으로 혹시라도 남아 있을 세균을 완벽하게 없애기 위해 추가되어 수돗물을 더 안전하게 만든다. 따라서 수돗물은 그 자체로 깨끗한 물이기 때문에 라면을 끓여 먹는 데 전혀 문제가 없다!

하지만 유의할 점이 하나 있다. 수돗물은 배관을 통해서 들어오는데 만일 이것이 녹슬었을 때는 안전하지 않을 수 있다. 녹슨 배관의 중금속 성분이 물에 첨가될 수 있기 때문이다. 그러니 만일 살고 있는 건물이 많이 낡았거나 배관을 교체한 지 오래되었다면 생수로 라면을 끓이는 것이 훨씬 안전하다.

결론은 수돗물 자체는 깨끗하기 때문에 라면을 끓여도 문제가 없지만 그 전에 반드시 배관을 점검해봐야 한다는 것이다. 어쨌든 라면은 수돗물로 끓이든 생수로 끓이든 맛있는 건 똑같으니 싸울 시간에 한 젓가락이라도 더 먹는 게 이득이라고 볼 수 있겠다.

이미 냉동인간이 된 600여 명의 사람들

영화 〈캡틴 아메리카〉에서는 주인공이 불의의 사고로 냉동인간이 되었다가 70년 후에 깨어나는 모습이 나온다. 이 소재는 상당히 많은 SF 콘텐츠에서 다루어지기도 했다. 그렇다면 왜 냉동인간은 이렇게 계속해서 이야기되는 것일까? 아마도 '영원한 생명'에 대한 인간의 오래된 갈망 때문이 아닐까? 음식을 냉동시키면 오래 보관할 수 있듯이 사람도 마찬가지일 것이라는 상상력이 만들어낸 환상적인 주제이리라. 그런데 이렇게 환상 속에나 있을 것 같은 냉동인간이 실제로 이미 현실에 존재한다는 것을 모르는 사람이 많다. 미국의 '알코르 생명연장 재단' '냉동보존 연구소' '크라이오닉스', 러시아의 '크리오러스'

이 4개의 회사는 실제로 냉동인간 서비스를 제공해, 죽음에 가까워진 인간을 액체 질소로 급속 냉동해 보관하고 있다. 현재 냉동인간 상태인 사람의 수는 모두 600명 정도로 많은 유명인과 재벌이 여기에 속한다. 그렇다면 정말 이들은 생명 연장의 꿈을 실현할 수 있을까?

인간이 냉동보존 기술로 불사의 몸을 꿈꾸게 된 것은 여러 동물의 사례에서 희망을 보았기 때문이다. 금붕어나 개구리를 급속 냉각시킨 후에 미지근한 물에서 해동하면 되살아나기도 하고, 남극에서 서식하는 곰벌레는 무려 30년 동안 냉동된 후에도 해동을 하면 알까지 낳는 모습을 보여주었다. 이런 사례를 기반으로 처음 인간의 냉동 기술을 고안한 사람은 미국의 물리학자 로버트 에틴거다. 그는 액체 질소의 온도인 영하 196도가 시체를 오랜 기간 보존할 수 있는 최적의 온도라고 생각했고, 그런 믿음 아래 1977년에 사망한 자신의 어머니를, 2000년에는 아내를, 그리고 2011년에는 본인까지 냉동인간으로 만들었다.

그런데 인간은 금붕어나 곰벌레보다 훨씬 더 복잡한 신체 구조를 가지고 있기 때문에, 냉동을 위해서는 여러 과정을 거쳐야만 한다. 우선 몸속에 있는 혈액을 모두 뽑아내 얼지 않는 부동액을 채워 넣는다. 혈액이 얼어버릴 경우 부피가 팽창하면서 세포막을 훼손할 수 있기 때문이다. 냉동보존의 핵심은 세포의 손상을 최대한으로 줄이는 것이므로 세포 손상의 가능성이 있는

것들은 반드시 제거해야만 한다. 그래서 혈액뿐만 아니라 심장·위·간·대장·소장·십이지장 등 몸 안에 있는 모든 장기도 꺼낸다. 장기가 남아 있으면 급속 냉각 과정에서 장기의 세포가 부패할 가능성이 있기 때문이다.

그렇다면 혈액도 없고 장기도 없는데 다시 살아나도 시체나 다름 없는 것 아닐까? 사실 그렇다! 지금까지 개발된 과학기술로는 인간을 이렇게 미라처럼 보관하는 것까지가 한계다. 세포 손상 없이 해동하고 정교하게 장기 이식을 할 수 있는 기술이 개발되어야만 이 프로젝트가 완성될 수 있는 것이다. 그래서 일각에서는 이 서비스가 영원한 생명에 대한 인간의 환상을 이용한 상술이라는 비판도 있다. 반대로 2045년경 나노로봇이 개발된다면 첫 소생자가 나올 수 있다는 긍정적인 의견도 있다. 이런 논란 속에서도 매년 1,500명이 넘는 사람들이 냉동인간 상담을 받는다고 한다. 냉동인간이 되기 위해서는 몸 전체를 보존할 경우 약 2억5천만 원, 머리만 보존할 경우에는 1억 원 정도의 돈이 필요하다. 천문학적인 비용까지는 아니라서 갈수록 냉동인간을 희망하는 사람이 늘어나고 있는 것 아닐까?

전신의 세포를 얼렸다가 미래에 살려낸다는 냉동인간 기술은 어떻게 보면 신의 영역에 도전하는 셈이다. 지금 이것의 성공 여부를 점 치는 건 시기상조인 것 같기도 하지만, 난소와 정자를 얼리는 기술이 상용화되어 있는 것과 나노 기술의 개발 속도를 보면 정말 첫 소생자가 나오는 날이 그렇게 먼 미래일 것 같지만은 않아 보인다. 과연 지금 잠들어 있는 600명의 냉동인간들은 언제 깨어날 수 있을까?

4

예술

이 슬픈 개구리를 아시나요?

SNS나 온라인 커뮤니티에서 자주 보이는 슬픈 표정의 개구리 그림. 특유의 아련하고 한마디로 꼬집어 정의할 수 없는 분위기 때문에 각종 사이트에서 넓은 의미로 사용되고 있다. 인생을 포기한 듯한 체념 개구리, 턱에 손을 얹고 허세를 부리는 듯한 잘난 개구리, '거짓말!'이라고 외치는 화난 개구리 등 여러 가지 모습으로 패러디되기도 한다. 구글에 개구리 그림을 검색하면 무수히 많은 종류를 발견할 수 있다. 그렇다면 이 개구리는 도대체 어디에서 왔고 왜 이렇게 유명해진 것일까?

개구리의 이름은 '페페 더 프로그'로 주로 페페라고 불린다. 페페는 미국의 만화가 맷 퓨리가 2005년에 출간한 만화책《보

미국의 만화가 맷 퓨리가 만든 개구리 페페.

이스 클럽^{Boy's Club}》에서 처음으로 등장한다. 이 책은 동물의 모습을 한 네 명의 캐릭터가 미국식 블랙 코미디를 보여주는 내용이다. 그중 페페의 이미지를 미국의 극우 성향 커뮤니티 사이트인 4chan.org의 한 사용자가 사용하기 시작했다. 페페는 금방 사이트에서 유행이 되어 다수의 사용자가 인생에 낙담하거나 자신의 행동을 자책하는 등의 비관적인 게시글에 이를 첨부했다. 그러다 4chan이 지지하던 당시 미국 대통령 후보 도널드 트럼프가 페페의 얼굴과 합성된 이미지로 등장하게 되었고, 트럼프 본인이 트위터 계정에 이를 업로드하면서 더욱 유명해졌다.

하지만 문제는 4chan에서 점점 도를 지나친 비윤리적인 패러디에도 페페를 사용하기 시작한 것이다. 이를테면 백인 우월주의인 KKK 개구리, 나치 개구리, 일본 제국군 개구리, IS 개구리까지 논란이 되는 온갖 비윤리 집단의 이야기에도 페페의 이미지가 들어갔다. 결국 미국의 반명예훼손 연맹은 2016년 9월에 페페를 혐오의 상징으로 공식 지정하기까지 한다. 이에 원작자 맷 퓨리는 미국의 시사 주간지 《타임》에 기고

문을 발표한다. 원작에서 그저 여유로운 개구리일 뿐이었던 페페가 혐오의 상징으로 사용되는 것이 악몽 같다며 분노를 표출했다. 하지만 원작자의 기고문에도 불구하고 페페는 온라인상에서 계속 혐오의 상징으로 사용되었고, 결국 맷은 페페를 공식적으로 사망 처리한다. 자신이 창조한 캐릭터를 없애야 했던 그 마음은 분명 괴로웠을 것이다. 하지만 그만큼 페페가 더 이상 관계없는 논란에 이용되는 것을 막기 위한 특단의 조치가 아니었을까?

맷은 사람들이 어떻게 생각하든지 본인은 페페를 만들어낸 아버지로서 페페의 본질은 사랑의 상징이라고 밝혔다.

혹시 웹서핑을 하다가 페페를 보면 한 번쯤 기억해보자. 그저 오묘한 표정의 개구리가 아니라 원래는 사랑의 상징이었다는 것을.

아이언맨이 유일하게
어려워한 촬영 장면

마블 코믹스의 대표적인 영웅 중 하나인 아이언맨. 2008년에
제작된 실사 영화 〈아이언맨〉에서 모두의 눈을 사로잡은 것은
아마도 철컥철컥하는 소리와 함께 장착되는 첨단 슈트와 이를
이용한 멋진 전투 장면일 것이다. 이를 통해 기계공학에 관심
이 생긴 어린이들도 많다는 후문이다. 이 영화가 흥행할 수 있
었던 이유는 콘셉트를 제대로 살려낸 컴퓨터 그래픽 효과도 있
겠으나, 무엇보다 주연을 맡은 배우 로버트 존 다우니 주니어
의 역할이 컸다. 줄여서 '로다주'라고도 불리는 그는 특유의 한
없이 가벼운 농담을 일삼다가도, 본업 앞에서는 천재적인 모습
을 보여준다. 그래서 관객들은 그가 곧 토니 스타크이자 아이

"헬멧 속 표정 연기가 가장 힘들었어요."

언맨이라고 느끼면서 몰입한다. 하지만 상당한 연기 실력을 가진 로다주조차 아이언맨을 연기할 때 유독 힘든 장면이 있다고 한다. 언뜻 추측해보자면 전투 장면이 아닐까 생각할 수 있겠지만 의외의 대답이 나온다. 바로 아이언맨 헬멧 속에서 표정 연기를 할 때라고 한다.

영화에서 토니 스타크는 헬멧 안에서 데이터를 분석하고 인공지능 비서와 대화를 나누는 경우가 잦다. 이때 화면에는 그의 얼굴만 나온 채 눈앞에 떠오른 홀로그램을 보며 이야기하는 것처럼 묘사된다. 이렇게 얼굴 앞에 화면이 나오는 장면을 Heads Up Display Scene, 줄여서 HUD 신이라고 하는데 로다주는 이를 힘들어한 것이다. 그 이유는 이 장면의 촬영 방법 때문이다. HUD 신은 초록색 세트장에서 배우와 카메라 한 대로만 촬영이 이루어진다. 일

반적인 연기와 달리 다른 배우들과 호흡을 맞추거나 하는 것이 아니라, 혼자 가만히 앉아서 카메라를 보고 표정 연기를 하는 것이다. 로다주는 이 연기가 상당한 상상력이 필요할 뿐만 아니라 고독감까지 줘서 가장 어려운 촬영이라고 밝혔다. 예를 들어 영화에서 토니 스타크의 아내 페퍼 포츠가 추락하는 모습을 목격하는 장면을 연기할 때는, 감독이 앉아 있는 로다주에게 지금 당신의 인생에서 가장 중요한 여자가 크레인에서 떨어졌다고 말한다. 그러면 그는 코앞에 있는 카메라 앞에서 그 장면을 상상하고 오로지 표정만으로 모든 감정을 연기해야 한다. 뿐만 아니라 HUD 신은 한 번에 몰아서 촬영하기 때문에 영화의 각 장면을 기억했다가 감정을 나누고 연기에 몰입해야 했

다. 때문에 로다주는 HUD 신을 마치고 온 날이 가장 피곤했다고 이야기한 것이다. 평소 배우들과 함께 호흡을 맞추고 직접 움직이는 연기를 좋아한다고 말하는 그에게는 가장 어려운 촬영일 수밖에 없었던 것이다.

그럼에도 불구하고 영화 속에 등장하는 무수히 많은 헬멧 속 장면을 완벽하게 연기하는 로다주의 모습을 보면 역시 프로라는 생각이 든다. 탁월한 연기력으로 지금의 마블 시네마틱 유니버스를 만든 공로가 크다고 평가받는 로다주는 출연료가 높은 것으로도 유명하다. 미국의 경제 전문지 《포브스》에 따르면 2019년에 개봉한 영화 〈어벤져스 : 엔드게임〉으로만 약 880억 원의 수익을 얻어 "가장 출연료를 많이 받은 마블 히어로 1위"가 되었다.

이제 그의 아이언맨 연기를 더 이상 스크린에서 만날 수는 없지만, 많은 팬들은 카메오로라도 그를 다시 볼 수 있기를 기대하고 있다.

일본 만화 캐릭터의 눈이 커다란 이유

일본은 만화 강국으로 유명한데, 여기에서 파생된 애니메이션 역시 사랑받고 있다. 〈드래곤볼〉〈원피스〉〈나루토〉〈블리치〉 등 유명한 만화 원작의 애니메이션은 세계적으로도 인기가 높다. 그런데 이 애니메이션과 원작 만화에는 공통된 특징이 하나 있다. 바로 등장인물의 눈을 엄청나게 크게 그린다는 점이다. 영미권의 만화에서는 눈이 실제 모습과 거의 비슷한 크기를 유지하는데, 유독 일본은 눈을 과장해서 크게 그린다. 왜 이렇게 그리는 것일까?

일본 만화에서 본격적으로 눈이 큰 인물이 도입되기 시작한 데에는 '일본 만화의 아버지'라고 불리는 데즈카 오사무의

영향이 크다. 그는 만화를 예
술의 반열에 올려놓아 전후
일본 대중문화의 부흥에 크게
기여한 거장이다. 대표작으로
《철완 아톰》《정글대제》《블
랙 잭》《불새》《붓다》등이 있
다. 그 중 아톰의 캐릭터 디자
인만 봐도 눈이 상당히 크다
는 것을 알 수 있는데, 그가 이

일본 애니메이션 〈노 건즈 라이프〉의 한 장면.

렇게 그린 이유는 미국 디즈니 만화의 영향 때문이었다. 데즈
카 오사무가 초등학생이었던 1940년대 일본에는 2차 세계대
전과 관련된 군사 홍보용 흑백 애니메이션이 전부였다. 이랬던
시기에 디즈니에서 제작한 애니메이션 〈백설 공주와 일곱 난
쟁이〉가 수입되었다. 당시 이를 본 사람들은 상당히 큰 충격을
받는다. 흑백 애니메이션이 전부였던 시장 속에서 홀로 다채로
운 색채를 가지고 있었을 뿐만 아니라, 눈동자가 크게 표현된
캐릭터들이 새로운 느낌으로 다가왔기 때문이다. 일본인들은
눈으로 풍부하게 감정을 표현하는 백설공주와 난쟁이를 보며
큰 위로를 받았다. 전쟁으로 몸도 마음도 피폐해졌던 와중이라

더욱 그랬을 것이다. 데즈카 오사무 또한 이 애니메이션을 50번 이상 봤다고 밝히기도 했다. 이후 그는 자연스럽게 만화가의 길을 걷게 되었고, 디즈니의 그림체를 참고로 해 자신만의 캐릭터를 만들었다. 바로 아톰이다.

아톰을 시작으로 일본 전역의 만화가들은 눈을 크게 그려서 캐릭터의 희로애락을 표현했다. 그리고 이것이 지금까지 이어져 오는 일본 만화의 특징이 된 것이다. 결과적으로 이 개성적인 외모는 일본 만화가 현재의 위치까지 올라오는 데 큰 역할을 했다. 독자와 끊임없이 소통하고자 했던 창작자의 노력이 왕눈이 캐릭터를 탄생시키고 오늘날까지 유지시킨 것이다.

웃음 뒤에 숨은 스폰지밥의 사회 풍자 메시지

"아하하하하하하!"

언제나 밝은 웃음소리를 들려주는 〈네모바지 스폰지밥〉은 아이들뿐만 아니라 어른들도 좋아하는 유명한 애니메이션이다. 이 작품은 바닷속 도시 비키니 시티에서 벌어지는 이야기를 다룬 시트콤 형식의 코미디로, 주인공 스폰지밥과 주변 친구들이 등장한다. 해면동물인 스폰지밥의 왁자지껄한 일상을 보며 시청자들은 순수한 미소를 짓는다. 그런데 이렇게 밝고 유쾌하기만 할 것 같은 만화 속에 사회를 향한 비판적이고 풍자적인 메시지가 담겨 있다는 것을 모르는 이들이 많다. 그냥볼 때는 잘 모르지만, 그 내용을 자세히 곱씹어보면 '아…! 그

예술

거였구나' 하고 알 수 있다.

첫째, '예술은 힘들어' 에피소드에서 스폰지밥의 대표 투덜이 징징이는 자신이 지금껏 쌓아온 예술적 지식을 토대로 미술학원을 차린다. 그런데 한 명뿐인 수강생 스폰지밥이 따로 가르쳐주지도 않았는데

아동용 애니메이션이라고만 보면 섭섭한 〈네모바지 스폰지밥〉.

상당히 수준 높은 작품을 선보인다. 하지만 징징이는 교과서에 나와 있는 대로 하지 않았다는 이유로 작품을 인정하지 않고 무작정 깎아내린다. 이 장면은 창의성이 생명인 예술 분야가 어느새 평가의 대상이 되면서, 오직 입시 위주 혹은 형식적인 예술만을 강조하는 실태를 풍자한 부분이다. 이후 스폰지밥이 만든 조각상이 예술계에서 가치를 인정받자, 징징이는 본인의 부와 명예를 위해 다시 그를 찾아간다. 하지만 이미 징징이의 교과서 위주 교육에 물들어버린 스폰지밥은 이전과 같은 창의성을 보여주지 못한다. 그저 자신의 작품이 교과서에서 다룬 내용과 일치하는지 비교하는 무의미한 행동만 반복하는 것이다. 결국 징징이는 분노에 가득 차서 자신의 미술 재료를 모두

망가뜨리고, 복잡한 심경으로 작품 하나를 만든다. 그런데 이것이 그토록 바라던 명작이었다. 하지만 안타깝게도 징징이는 끝내 자신이 만든 명작의 가치를 알아보지 못한다.

둘째, '집게리아 파업 소동' 에피소드에서는 3개월어치 임금이 밀린 징징이가 상사인 집게사장에게 항의를 하는 장면이 나온다. 집게사장은 일하다가 숨을 쉰 것도 농땡이를 피운 것이라며, 거꾸로 비용을 청구하는 말도 안 되는 대응을 한다. 그러자 징징이는 노동자의 정당한 권리를 찾겠다며 스폰지밥과 함께 파업을 선언하고 불매운동을 한다. 이 농성을 지켜보던 마을 주민들은 징징이를 지지하는 모습을 보이다가도 배가 고프면 집게리아의 게살버거를 먹으러 갔다. 이는 사람들이 악덕기업의 비도덕적인 모습에 분노하면서도, 필요하다면 그 기업의 제품과 서비스를 이용하는 데에 거리낌이 없는 양면성을 꼬집는 부분이다. 징징이는 이 모습을 보고 "사람들은 자기 배만 부르면 남의 일은 신경도 쓰지 않는다"라는 말을 남기기도 했다. 노동과 기업, 소비에 대한 뼈 있는 메시지를 숨겨놓은 에피소드 중 하나다.

셋째, '폭력은 안 돼요' 에피소드에서 자동차 운전학원에 간 스폰지밥은 험상궂게 생긴 가자미 넙죽이의 옆자리에 앉게 된다. 스폰지밥이 인사를 건네자마자 넙죽이는 다짜고짜 협박을 한다. 겁에 질린 스폰지밥은 이리저리 도망을 다니다가 운전학원 교사인 퐁퐁부인에게 자초지종을 설명하고, 반을 바꿔달라고 요청한다. 하지만 퐁퐁부인은 자신이 해결하겠다며 넙죽이에게 가서 정말 스폰지밥에게 그렇게 행동했는지 물었다. 가해자인 넙죽이는 사실이 아니라고 거짓말을 하고, 퐁퐁부인은 스폰지밥에게 오해가 있었던 것 같으니 다시 친하게 지내보라고 말한다. 이 장면은 학교가 학교폭력에 대한 근본적인 해결책을 마련하지 않고, 무작정 당사자간의 화해만 강조하며 2차 피해를 발생시키는 상황을 비판한 것이다. 스폰지밥의 고발 사실을 알게 된 넙죽이는 더 집요하게 괴롭히고 상황은 악화된다. 다행히 스폰지밥은 몸이 스펀지로 되어 있어서 넙죽이의 주먹이 소용이 없었고, 넙죽이는 제풀에 지쳐 쓰러진다. 그런데 우연히 퐁퐁부인이 이 장면을 보고 오히려 스폰지밥이 가해를 한 것으로 오해한다. 이 또한 학교폭력을 표면적으로만 조사하고 잘못된 결론을 내리는 학교 시스템의 무지함을 풍자한 것이다.

넷째, '이사 간 징징이' 에피소드에서는 스폰지밥과 뚱이의 엉뚱한 행동에 질려버린 징징이가 징징빌라로 이사를 가는 내용이 나온다. 이곳의 마을 주민들은 모두 징징이와 같은 모습을 하고 있고 같은 집, 같은 생활 방식, 같은 취미 활동을 공유한다. 징징이는 이렇게 자신과 비슷한 사람들만 모인 마을에서 굉장히 만족스러운 생활을 한다. 하지만 날이 갈수록 쳇바퀴처럼 굴러가는 삶이 지루해서 견딜 수가 없다. 여기에서 징징빌라는 현대 도시의 모습을 상징한다. 산업화 이후 사람의 업무나 사고가 일정 부분 획일화되면서, 사는 곳도 먹는 것도 서로 비슷해지는 도시인을 그려낸 것이다. 결국 징징이는 지루하기 짝이 없는 생활에서 벗어나기 위해 스폰지밥과 뚱이가 했던 엉뚱한 행동을 자진해서 하기도 하고, 마지막에는 청소기의 폭발력을 이용해 마을 자체를 벗어나 버리는 급진적인 모습을 보인다. 어제와 같은 오늘, 기대감이 없는 내일을 살아가는 현대인의 슬럼프를 잘 보여주는 에피소드다.

웬만해서는 심슨의 비밀을 알 수 없다

노란색 피부를 가진 캐릭터가 특징인 〈심슨 가족〉(이하 〈심슨〉)은 1989년부터 무려 30년이 넘는 기간 동안 방영되며 최장수 애니메이션이라는 타이틀을 지키고 있는 미국의 가족 시트콤이다. 이렇게 방영 기간도 길고 에피소드도 많다 보니 그 안에는 많은 이야기가 숨겨져 있다. 마니아만 아는 〈심슨〉 속 6가지 비밀을 공개한다!

〈심슨〉에 등장하는 캐릭터가 모두 노란색 피부를 가지게 된 데에는 이유가 있는데, 제작자인 맷 그로닝이 BBC와 진행한 인터뷰에 따르면 단순히 텔레비전을 시청하는 사람들의 시선을 사로잡기 위해 노란색을 선택했다고 한다. 사람들이 채널을 돌리다가 화면에 노란색이 깜빡거리면 '아, 지금 심슨이 방영 중이구나!' 하고 바로 알아채기를 원했다는 것이다. 실제로 인간이 볼 수 있는 많은 색 중에 노란색이 뇌에 가장 빨리 도달한다는 것을 고려하면 아주 탁월한 선택이었던 셈이다.

〈심슨〉의 즐거움 중 하나는 에피소드가 시작하기 전에 등장하는 카우치 개그couch gag다. 심슨 가족 전원이 소파라고도 불리는 카우치에 앉아 텔레비전을 켜는 장면을 이용해 매회 오프닝마다 개그를 선보이는 것이다. 이 영상은 내용과 길이가 매번 다른데, 뒤에 오는 에피소드가 조금 길다 싶으면 짧은 오프닝을, 짧다 싶으면 긴 오프닝을 만들다 보니 그렇게 된 것이다. 이렇게 매일 색다른 내용의 오프닝을 연출하다 보니 그 자체가 〈심슨〉의 특징이 되었다. 에피소드만큼이나 오프닝을 기다리는 팬도 많다.

〈심슨〉의 오프닝에는 막내딸 매기가 계산대의 바코드 리더기에 찍히는 장면이 항상 나온다. 이때 857.63달러가 표시되는데 이는 1990년대 기준으

가상의 도시 스프링필드에 사는 심슨 가족의 일상을 그린 시트콤 〈심슨 가족〉.

로 아이 한 명을 키울 때 발생하는 월간 비용이라고 한다. 최근 오프닝에서는 매기의 가격이 기존의 두 배로 뛴 것을 확인할 수 있는데, 현대의 물가를 반영한 것이다.

새로운 시즌이 방영될 때마다 전 세계적인 영향력을 행사하는 만화답게 이로 인해 영어 단어가 만들어진 경우도 있다. 가장 호머 심슨은 실수를 하거나 엉뚱한 짓을 할 때마다 "d'oh!"라는 감탄사를 내뱉는다. 발음은 '뜨어!'에 가깝고 우리말로는 '뜨악!' '이런!' 정도의 뉘앙스라고 볼 수 있다. 이 단어가 바로 세계적으로 권위 있는 《옥스퍼드 영어사전》에 등재되었다. 사전에서 d'oh!를 찾아보면 "바보짓이나 실수를 했을 때 사용하는 감탄사"라는 설명을 읽을 수 있다.

첫째 딸 리사는 채식주의자인데 여기에도 사연이 있다. 영국 밴드 비틀즈의 전설적인 베이시스트 폴 매카트니가 목소리 출연을 한 적이 있다. 그는 평소에 채식주의를 전파하고 다니는 사회운동가로도 잘 알려져 있다. 그래서 〈심슨〉에 나오는 대신 리사를 채식주의자로 그려달라는 조건을 내건 것이다. 그래서 1995년도에 폴 매카트니가 등장한 에피소드를 시작으로 지금까지도 리사는 계속 채식주의를 지키고 있다.

끝으로 〈심슨〉은 미국의 대표적인 애니메이션이고 작중 배경도 미국이지만 실제로는 대부분 우리나라 사람에 의해 제작된다. 약 30년이 넘는 기간 동안 100여 명의 국내 애니메이터가 외주를 받아 작업한 것이다. 현지에서 시나리오가 오면 애니메이션 회사인 에이콤 프로덕션과 라프드래프트 코리아가 한 편씩 만화를 제작하는 방식이다. 그래서 에피소드 중에서는 한국의 애니메이터가 그림을 그리는 모습이 등장하기도 하고, 극장판 영화에서는 엔딩 크레딧 속에서 수많은 한국인의 이름을 확인할 수도 있다.

《타임》이 선정한 "20세기 최고의 TV 시리즈물"인 〈심슨〉. 앞으로 또 어떤 역사를 새롭게 쓰며 이야기를 만들어나가고, 그 안에 다양한 장치를 숨겨놓을지 기대가 된다.

시간을 볼 수 없는 2억 원짜리 손목시계

'손목시계' 하면 어떤 모습이 떠오르는가? 애플워치나 갤럭시 워치처럼 디스플레이로 시간을 보여주는 스마트워치? 시침 분침이 째깍째깍 돌아가는 아날로그식 손목시계? 그렇다면 1억 7천만 원짜리 손목시계가 있다면 어떤 모습일까? 래퍼들이 자주 차고 나오는 금이나 은으로 치장된 번쩍거리는 모습? 아니면 아이언맨의 시계처럼 최첨단 기술이 든 것일까?

놀랍게도 이 시계에는 아무런 모습이 없다! 시침도 분침도 없고 시간을 알려주는 어떠한 기능도 없이 까만 화면만 보인다. 시간을 확인한다는 시계의 기본적인 역할조차 하지 못하는 이 검은색 시계의 가격은 왜 1억7천만 원이나 하는 것일까?

시계의 이름은 'H9 Reduction'으로 스위스의 유명한 전통 시계 브랜드 할디만에서 출시한 제품이다. 우선 어마어마한 가격을 이해하기 위해서는 시계에 적용된 공법을 알 필요가 있다. H9의 겉모습은 아무것도 없지만, 시계의 안쪽에는 아주 정교한 톱니바퀴가 계속해서 돌아가고

시계는 있지만 시가운 볼 수 없다.

있다. 이 톱니는 고가의 시계를 만들 때 주로 사용하는 투르비용tourbillon이라는 장치로, 중력에 의해 발생하는 오차를 줄이는 역할을 한다. 프랑스어로 '회오리바람'을 뜻하는 이 장치로 인해 시계는 정확한 시간을 나타내는 것이다. 크기는 작지만 엄청나게 정교한 기술이 요구되는 투르비용은 시계의 가격에 큰 영향을 미친다. 지구의 모든 존재는 중력의 영향을 받는데, 당연히 시계도 그렇다. 그렇기 때문에 시계가 손목 위에 있는지, 아래에 있는지, 혹은 다른 곳에 벗어놓았는지에 따라 시간에 미세한 오차가 생기게 된다. 이때 투르비용은 시계에 있는 밸런스 휠을 끊임없이 통째로 돌려줌으로써 받는 중력을 분산시킨다. 그렇게 지구의 중력까지 섬세하게 계산해서 아주 미세한 시

예술

간 오차까지 줄인 정교한 기술이 시계 가격에 반영된 것이다.

그렇다면 할디만에서는 왜 이 좋은 기술을 가진 시계에 시침과 분침을 없애버린 것일까? 시계를 만든 디자이너는 "시간은 상상할 수 있고, 꿈꿀 수 있고, 발명될 수 있는 것이다"라는 이야기를 했다. 언뜻 이해하기가 쉽지 않은 말이지만, 시계의 개념을 사람들이 다르게 가졌으면 한다는 의미로 여겨진다. 이처럼 '용도'가 아닌 '기술적 방법'과 '해석'에 중점을 두고 출시한 것은 현대미술이 보여주는 추상적인 개념과도 닮아 있다. 육안으로 시간을 볼 수는 없지만 검은색 표면 아래 정교한 톱니가 돌아가고 있다는 사실만으로도 이미 시간이 가진 의미를 전달한다고 본 것이다.

그러니 혹시라도 누군가 이 시계를 그윽하게 바라보는 것을 목격한다면, 너무 이상하게 생각하지는 말자!

5

심리

잘 알려지지 않은 희귀한 공포증

높은 곳에 올라갔을 때 두려움을 느끼는 고소공포증이나 좁은 곳에 들어갔을 때 압박감을 느끼는 폐소공포증은 널리 알려진 공포증이다. 그런데 세상에는 희귀한 공포증도 많다. 언뜻 들어 보면 '에이, 진짜 이걸 무서워한다고?' 같은 생각이 들 수도 있 겠지만, 당사자들은 상당히 고통스럽다. 10가지 희귀 공포증을 살펴보자.

첫번째는 풍선 공포증이다. 말 그대로 풍선을 보면 머리가 어지럽고 심장이 빨리 뛰면서 속이 안 좋아지는 등의 증상을 느낀다. 풍선 자체에 대한 두려움보다는 풍선이 언제 터질지

가만히 보고 있으면 터질 듯한 긴장감이 느껴진다.

모른다는 불안함 때문이다. 이 병이 심한 사람의 경우 눈앞에서 풍선이 터지면 숨을 못 쉬거나 팔다리가 마비되는 등의 발작 증세를 일으킨다. 주로 어린 시절에 풍선이 '빵' 하고 터지는 소리에 너무 놀라서, 트라우마가 생긴 사람에게서 많이 발견된다.

두번째는 땅콩잼 공포증이다. 식빵에 발라 먹는 식품에 공포를 느낀다니 쉽게 이해가 안 가지만, 의외로 이 병을 앓는 사람은 꽤 있다. 이 경우 멀리서 땅콩잼이 든 병만 봐도 식은땀을 흘리기 시작한다. 공포증이 생기는 이유는 땅콩버터를 먹었을 때 입천장에 달라붙는 끈적한 식감 때문인 경우가 많다. 꾸덕꾸덕한 상태가 주는 불쾌감과 영영 이것을 떼어낼 수 없을지도 모른다는 불안감에 사로잡히는 것이다.

세번째는 횡단보도 공포증이다. 도로를 안전하게 건너기 위해 만들어진 이 표시에서도 공포증을 느끼는 사람이 있다.

이들은 복잡한 도시의 도로를 건널 때마다 심하게 긴장하고 때때로 현기증으로 쓰러지기까지 한다. 아무리 지나가는 차가 신호를 잘 지켜도 언제 횡단보도에서 사고를 당할지 모른다는 불안감을 가지기 때문이다. 그래서 신호를 지키지 않고 무단횡단을 하는 사람을 보면 구토를 할 정도로 마음이 불편해진다.

네번째는 자기냄새 공포증이다. 신체악취 공포증이라고도 불리는데, 지나친 배려심을 가진 사람에게서 나타난다. 자기 몸에서 나는 냄새가 혹시라도 다른 사람에게 폐를 끼치지는 않을까 항상 불안해하는 증상이다. 주로 과거에 본인에게서 나는 냄새로 인해 타인 앞에서 망신을 당한 경험이 있는 사람에게서 발견된다. 실제로 냄새가 나지 않는데도 불구하고 하루에 수십 번씩 샤워를 하고 향수를 과도하게 사용하는 등 결벽 증세를 보인다.

대도시에서 흔하게 볼 수 있는 비둘기.

다섯번째는 비둘기 공포증이다. 요즘은 간이 커져서 차가 다니는 길목에서 바닥을 점유하고 비켜

주지 않는 비둘기는 어느새 평화의 상징이 아니라 거리의 말썽꾼이 되어버렸다. 비둘기 공포증을 앓는 사람은 비둘기를 혐오하다 못해 두려움을 느낀다. 이들은 비둘기가 있는 길이면 멀리 돌아가는 한이 있더라도 절대 그 근처로 가지 않는다. 비둘기라는 단어 자체를 보거나 듣는 것도 질색하고, 비둘기가 많이 모이는 것으로 유명한 공원이나 광장 등에는 발을 들일 엄두도 내지 못한다.

어린 시절에 들은 인형에 대한 괴담으로 인형 공포증이 생기기도 한다.

여섯번째는 인형 공포증이다. 유아 공포증이라고도 불리는 이 병은 공포영화 〈애나벨〉에 등장하는 것처럼 무서운 외관의 인형뿐만 아니라 작고 귀여운 인형에게조차 두려움을 느낀다. 정확하게는 살아 있는 생명체를 본따서 만든 모든 인형을 두려워하는 것이다. 오스트리아의 신경과 의사이자 정신분석의 창시자인 지그문트 프로이트가 이에 대해 연구를 한 적이 있는데, 현실과 판타지를 구분하지 못하는 어린 시절에 인형이 언젠가 다시 살아날지도 모른다는 착각에 빠지면서 공포증이 발현된다고 한다.

일곱번째는 모서리 공포증이다. 선단 공포증이라고도 부르는 이 병은 바늘이나 송곳처럼 가늘고 뾰족한 물체뿐만 아니라 책상 모서리나 젓가락에도 공포를 느낀다. 뾰족한 물체를 보면 찔리는 상상이 계속되는 것이다. 한 국내 연예인이 방송에서 이 공포증을 앓고 있다고 밝힌 적이 있어서 유명해졌다. 그는 예능 프로그램에서 전생 체험을 했을 때, 본인의 전생을 십자군 전쟁 때 화살을 눈에 맞아 죽는 병사로 기억한 후로 이 공포증이 생겼다고 한다.

여덟번째는 거울 공포증이다. 일반적으로 아침에 씻을 때는 물론이고 하루에도 몇 번씩 사용하는 것이 거울이지만, 이를 절대 보지 못하는 사람도 있다. 이들은 거울이 영적 세계와 접촉하는 매개체라고 생각하며, 거울 속에 또 다른 존재가 살고 있다고 믿는다. 심한 경우 거울에 비치는 자신의 모습도 본인이 아니라, 감시하고 있는 귀신이라고 느낀다. 그래서 혹시라도 거울이 깨지면 거울 속의 존재들에게 원한을 사 해를 입을

목성은 태양계에서 가장 큰 행성으로 지구의 약 11배 지름을 가진다.

까 봐 불안해한다.

아홉번째는 목성 공포증이다. 이 병은 심해 공포증이나 우주 공포증처럼 자신의 상상을 초월하는 압도적인 존재에게 공포를 느끼는 증상이다. 태양계에서 태양 다음으로 큰 목성의 크기를 상상해보다가 가늠이 안 되는 그 존재에 압도당하게 되는 것이다. 또 자신이 목성 안에 있다면 어떤 존재일까, 어떤 상황이 될까 상상해보며 공황장애를 일으키기도 한다. 목성에는 대적점大赤點이라고 부르는 붉은색 타원형 반점이 있는데 꼭

눈처럼 생겨서 '목성의 눈'이라고도 한다. 목성 공포증을 앓는 사람은 이 눈 때문에, 목성을 외눈박이 거대 생명체로 인지하고 자신을 쳐다본다고 느낀다.

마지막은 착석 공포증이다. 의자에 앉는 것에 대해 두려움을 느끼는 병이다. 발병의 원인은 크게 두 가지로 나뉜다. 첫째는 치질 같은 항문 질환 때문에 앉았을 때 극심한 고통을 겪어서 트라우마가 생긴 경우고, 둘째는 자리에 앉아 있는 상황에서 정신적인 스트레스를 과도하게 받았던 경험이 있는 경우다. 예를 들면 의자에 앉아 있는 상태로 교사나 상사로부터 지속적인 호통을 들어, 강압적인 느낌을 받다가 점차 그 괴로움이 커지는 것이다.

이렇게 온갖 희귀 공포증을 살펴보는 것만으로도 평범한 일상이 주는 행복이 왜 소중한지 저절로 알게 된다.

상대의 거짓말을
알아채는 10가지 방법

살다 보면 누군가의 거짓말 때문에 억울한 상황을 겪거나 간접적인 피해를 입는 경우가 있다. 그럴 때면 상대의 마음을 꿰뚫어 볼 수 있는 능력이 있어서, 거짓인지 진실인지를 알아챌 수 있었으면 좋겠다는 생각이 든다. 하지만 현실적으로 슈퍼파워를 가질 수는 없기에 몇 가지 힌트로 상대방이 진실을 말하는지 아닌지 알아볼 수 있는 방법이 있다. 우선 상대방의 움직임을 면밀하게 관찰하는 것으로 시작한다. 사람은 대체로 거짓말을 할 때 공통적으로 나타나는 신체적 특징이 있기 때문이다. 그럼 하나씩 살펴보자.

첫째, 먼저 눈동자의 움직임을 살펴봐야 한다. 사람이 대화를 하면서 눈동자를 움직이는 경우는 크게 두 가지가 있다. 한 번은 기억을 떠올릴 때이고, 나머지 한 번은 말을 지어낼 때다. 오른손잡이인 사람은 과거에

있었던 일을 기억할 때 주로 눈동자가 왼쪽 위를 보고, 없었던 일을 지어내서 거짓말을 할 때는 눈동자가 오른쪽 아래를 본다. 왼손잡이는 그 반대로 움직인다. 그러니 대화 중에 상대방이 평소보다 눈을 많이 깜빡거리고 시선이 계속 아래를 향하고 있다면 거짓말을 하고 있을 확률이 높다.

둘째, 상대방이 내 행동을 잘 따라 하고 있는지 확인해야 한다. 사람은 의사소통을 할 때 무의식적으로 상대방의 행동을 따라 하면서 친밀한 관계를 맺으려고 한다. 하지만 거짓말을 하는 경우에는 말을 꾸며내는 데에 정신을 뺏겨, 남을 따라 하는 행동이 현저히 줄어든다. 상대의 행동을 인식하더라도 오히려 일부러 아무 행동을 취하지 않고 의도적으로 정신적인 교감

을 피하려는 경향도 보인다. 그러니 내가 이리저리 고개를 끄덕이고 손짓, 발짓을 해봐도 상대방이 요지부동이라면 뭔가 숨기고 있는 건 아닌지 의심해보자.

셋째, 디테일을 얼마나 강조하고 있는지 경청하자. 거짓말을 하는 사람은 들키지 않기 위해 시간, 장소, 배경까지 상세한 알리바이를 만드는 경우가 많다. 그러다 보니 상대방은 별 뜻 없이 질문해도 완벽하게 거짓말을 꾸며내기 위해 필요 이상의 정보를 제공한다. 예를 들어 어제 무슨 영화를 봤는지 물었더니 영화를 본 시간, 영화관 위치, 같이 본 사람의 정보 등 묻지 않은 부분까지 상세하게 이야기하는 경우다. 거짓말이 아니라는 것을 알리기 위해 정보에 정보를 자꾸 추가하는 것이다. 진짜라고 강조하고 싶은 마음에 말이 반복되고 많아지는 경향을 보인다.

넷째, 신체 부위를 가리고 있는지 잘 살펴보자. 거짓말을 하는 사람은 대화를 하면서 입을 가리거나 입술을 만지작거리는 등의 모습을 자주 보인다. 이는 거짓말을 하는 자신을 숨기고 싶어서 나오는 무의식적인 행동이다. 또 입뿐만 아니라 목이나 배, 머리 같은 신체 부위를 본능적으로 가리기도 하는데, 거짓말을 할 때 심리적으로 자신이 상대방에게 노출되고 약해진 기분이 들기 때문이다.

다섯째, 상대방의 보디랭귀지에 주목해보자. 입으로는 거짓말을 하기 쉽지만 몸은 이미 진실을 알고 있기 때문에 무의식적으로 말과 다른 행동을 나타내는 경우가 많다. 예를 들어 바닥에 떨어진 다른 사람의 돈을 보고 자기 것이라고 이야기하지만, 몸은 손사래를 치고 있을 수도 있다.

여섯째, 불필요한 단어를 얼마나 자주 사용하는지 살펴보자. 거짓말을 하는 사람에게는 상대방이 자신의 말을 제대로 이해하기 힘들도록 만들어서 대화의 주제를 흐리는 것이 중요하다. 그래서 '예, 아니오'라고 간결하게 대답할 수 있는 질문에도 불필요한 미사여구를 붙여가며 길게 답변하려고 한다. 또 말이 끝나기 직전에 뜬금없이 불필요한 질문을 붙여 대화 주제를 바꾸려는 시도를 하기도 한다.

일곱째, 나에게서 멀어지려고 하는지 확인해보자. 대화를 나눌 때 사람은 보통 상대 쪽으로 몸이 기우는 경향이 있다. 하지만 거짓말을 하는 사람은 반대로 움직인다. 혹시라도 거짓말을 들킬까 봐 상대로부터 최대한 몸을 떨어뜨리려고 한다. 대화를 나누는 공간이 실내라면 밖으로 나갈 수 있는 출입구 쪽으로 몸을 돌리고 앉거나, 몸이 바깥쪽으로 서서히 움직이고 있지는 않은지 잘 살펴보자. 거짓말쟁이는 혹시라도 들통이 나면 당장이라도 그 자리를 벗어나야 하기 때문에 행동이 경직되고 부자연스럽다.

여덟째, 질문을 했을 때 공격적인 태도로 답변하지는 않는지 체크해보자. 없었던 일을 지어내는 사람은 생각해놓은 거짓말을 계속 기억하기 위해 모든 신경이 예민해져 있다. 그래서 상대가 생각지 못한 질문을 하면 상당히 까칠하고 공격적인 태도를 보일 확률이 높다. 괜히 큰 소리를 내거나, 퉁명스럽게 대하거나, 손가락질을 하기도 한다. 고슴도치가 공격을 받으면 가시를 세우는 것처럼 거짓말을 방어하기 위한 방어기제가 발동되는 것이다.

아홉째, 잠시만 일부러 말을 하지 말아보자. 거짓말쟁이는 중간에 대화가 끊겨 침묵이 흐르는 시간을 안절부절못한다. 계속해서 말을 하면서 상대방이 속아 넘어갔는지를 판단해야 하는데, 침묵이 계속되면 상대의 속을 알 길이 없어지기 때문이다. 그래서 먼저 끊임없이 이야기를 건네기도 한다. 그러다 보면 자신의 거짓말에 거짓말을 더 붙이다가 말의 앞뒤가 맞지 않기도 해, 꼬리를 잡을 수 있는 기회가 되기도 한다.

끝으로 이야기의 시간 순서를 거꾸로 말하도록 요청해보

자. 머리가 좋고 치밀한 거짓말쟁이는 실제로 일어나지 않은 일이어도 자신이 언제 어디에서 무엇을 했는지 알리바이를 철저히 준비해놓는 경우가 많다. 이럴 때는 상대방에게 그 이야기를 거꾸로 말하게 해보는 것이다. 아무리 고단수의 거짓말쟁이라 해도 실제 일어나지도 않은 사건의 시간 순서를 거꾸로 뒤집기는 쉽지 않다.

친한 사이끼리 하는 사소한 과장이나 장난스러운 거짓말이면 몰라도, 나에게서 이익을 취하기 위해 본격적인 거짓말을 늘어놓는 사람은 반드시 피해야 한다. 특히 협상이나 계약처럼 다시는 돌이킬 수 없는 일을 할 때는 상대방을 잘 살펴보자!

꿈에서 원하는 대로 행동할 수 있다면?

자유롭게 무슨 짓을 해도 누구도 뭐라고 하지 않는 세상이 있다면 어떨까? 아무도 없는 무인도가 아닌 이상 그런 곳이 어디 있겠냐마는, 실제로 누구나 쉽게 갈 수 있는 자유로운 세상이 존재한다. 바로 꿈속이다. 꿈은 정신 현상이기 때문에 그 안에서 무슨 행동을 해도 누구도 관여하지 않는 공간이다. 하지만 꿈에서는 깨어 있을 때와 다르게 몸이 마음대로 움직여주지 않는 경우가 부지기수다. 꿈에서 행동을 컨트롤하기 위해서는 먼저 자신이 꿈을 꾸고 있다는 사실을 깨달아야 한다. 이렇게 꿈속에서 꿈인 것을 자각하는 현상을 자각몽自覺夢, 영어로는 루시드 드림lucid dream이라고 한다. 꿈을 인지하기 시작하면 상황을

하늘을 나는 것도 꿈에서라면 불가능한 일이 아니다. 영화 〈슈퍼맨〉 속 한 장면.

어느 정도 통제하는 것이 가능해진다. 마음대로 하늘을 날 수도 있고, 누군가를 소환할 수도 있고, 도라에몽이나 닥터 스트레인지처럼 어디로든 통하는 문을 만들어낼 수도 있다. 하지만 꿈을 자각한다는 것은 쉽지 않다. 이에 다양한 논문은 물론, 루시드 드림에 관한 경험담을 공유하는 커뮤니티에서 가장 보편적으로 알려진 3가지 방법을 소개한다.

　첫째, 루시드 드림을 경험하기 위해서는 꿈 일기를 자주 써야 한다. 보통 꿈을 꾸다 일어나면 당장은 그 내용이 기억에 남을지라도 조금만 시간이 지나면 금세 잊어버리게 된다. 그래서 일어나자마자 간단하게라도 꿈의 내용을 정리하는 일기를 쓰는 것이 중요하다. 매일 꿈을 글로 적다 보면 그 기억은 더욱 구체화되고 꿈을 자각하기가 쉬워진다. 뿐만 아니라 꿈에 자주 등장하는 장소나 물건이 무엇인지도 확인할 수 있게 되는데, 이것들이 추후 꿈에 등장할 때 자각에 도움이 된다.

두번째, 딜드DILD, Dream-Initiated Lucid Dream에 익숙해지는 것이다. 딜드란, 수면 중 꿈을 꾸다가 도중에 꿈임을 인지함을 말한다. 이를 위해서는 지금이 꿈인지 현실인지를 확인해보는 리얼리티 체크RC, Reality Check를 해볼 수 있다. 흔히 드라마나 영화에서 꿈인지 아닌지 확인해본다며 볼을 꼬집는 묘사를 많이 한다. 이 행동이 바로 RC에 해당한다. 그 외에도 손가락으로 반대쪽 손바닥을 뚫어본다거나, 코와 입을 막고 숨을 쉬어보는 등 여러 방법이 있다. 만약 이렇게 현실에서 불가능한 일이 가능하다면 스스로 꿈의 상태임을 자각하게 된다. 하지만 아예 꿈인지 아닌지를 의심할 수조차 없는 경우도 분명 많다. 그래

서 평소에 밥을 먹다가도 걷다가도 친구와 놀다가도 RC를 하다 보면 꿈속에서도 RC를 할 확률이 높아진다.

세번째, 딜드보다 조금 난이도가 높다고 할 수 있는 와일드 WILD. Wake-Initiated Lucid Dream가 있다. 이 방법은 어느 정도 루시드 드림에 숙련된 사람이 사용한다. 꿈을 꾸는 도중에 꿈인 것을 자각하는 딜드와 달리 와일드는 꿈을 꾸는 처음 과정부터 직접 느끼는 경우다. 와일드를 위해서는 몸이 바로 깊은 잠에 빠져들 수 있는 조건이 갖춰져야 한다. 그러나 사람은 보통 잠자리에 들자마자 꿈을 꾸지 않는다. 꿈을 꾸기 시작하는 시간은 일어나기 1~2시간 전으로, 렘수면REM, Rapid Eye Movement sleep이라는 깊은 잠에 빠져 있을 때다. 그래서 와일드를 위해서는 미리 낮잠을 4~5시간 정도 자거나 한밤중에 일어나 몽롱한 상태를 유지하고 있어야 한다. 그 상태에서 다시 침대에 누워 렘수면 상태에 진입하는 것을 느낀다면 와일드에 성공한 것이다. 다만이 과정에서 몸이 붕 뜨거나, 덜덜 떨리는 등 한마디로 설명할 수 없는 무서운 느낌을 전신에 받게 되는데, 이 공포감을 제어하지 못하면 그대로 가위에 눌려 일시적으로 몸을 움직이지 못하게 될 수도 있다. 그래서 루시드 드림의 초심자에게는 와일드를 쉽게 권하지 않는다.

지금까지 루시드 드림을 경험하기 위한 방법을 알아보았다. 루시드 드림은 과학적으로 연구되어 왔으며, 그 존재는 잘 규명되어 있는 상태이다. 욕구불만을 해소할 수 있어서 정신과적 치료 요법으로도 사용된다. 이 외에도 상상한 세계에서 모든 것을 할 수 있다는 매력 때문에 한 번 루시드 드림에 성공한 사람은 계속하고 싶다는 생각이 들기도 한다. 때로는 현실을 피하려는 도구로 사용하는 사람도 있다. 하지만 어디까지나 꿈은 현실에서의 실제 경험을 토대로 생겨나는 것임을 기억하자. 즐거움과 의외성은 아주 가까운 곳에서부터 시작할 수 있으니 말이다.

자신의 신체 부위를 부정하는 마음

눈·코·입·귀·팔과 다리 등 각각의 신체 부위는 사람이 살아가는 데 있어서 없어서는 안 될 중요한 기능을 수행한다. 때문에 이를 보호하려는 것은 본능이기도 하다. 그런데 세상에는 자신의 신체 일부를 혐오하고 심지어 제거하고 싶어 하는 욕망을 갖는 사람이 있다. 그 부위에 병이 있는 것도 아니고, 남과 달라 보이지 않는 아주 멀쩡한 곳일지라도 말이다.

미국 노스캐롤라이나에 거주하는 쥬얼 슈핑은 어렸을 때부터 자신이 남들과 조금 다르다는 것을 알았다. 장난감을 갖고 싶어 하는 친구들과 달리 장난감을 보는 것 자체가 싫었기 때문이다. 그리고 시간이 흐르면서 그는 장난감이 싫은 것이 아니라 세상을 보는 행위 자체가 불편하다는 것을 깨닫고 시각장애인을 꿈꾼다. 세살 때부터 어두운 현관에 불을 끈 상태로 걸어 다녔고, 청소년이 되어서는 실명을 하기 위해 태양을 정면으로 응시하기 시작했다. 열여덟살에는 까만 선글라스를 쓰고 흰 지팡이를 든 채 시각장애인 흉내를 냈고, 스무살이 되어서는 점자책을 읽을 수 있는 수준에 이르렀다. 하지만 그는 더 이상 단순한 흉내가 아니라 진짜 시각장애인이 되고 싶다고 생각했다. 그리고 2006년, 한 심리학자의 도움을 받아 눈의 감각을 마비시키는 점안액과 유독 세제를 눈에 넣었고 6개월 만에 완전히 시력을 잃었다.

쥬얼이 앓은 정신 질환은 신체통합정체성장애^{BIID, Body Integrity Identity Disorder}라는 병으로, 자신의 신체 일부를 본인의 것이 아니라고 여기며 생활하는 데 중요한 부위일지라도 제거할 것을 원하는 증상이다.

영국의 케임브리지 대학에서 공부를 마치고 과학자가 된 클로이 제닝스 역시 BIID 환자다. 그는 멀쩡한 다리를 가지고 있지만 자신에게 다리가 없다고 생각한다. 어렸을 때부터 다리를 없애고 싶어서 높은 곳에서 자전거를 탄 채로 떨어지기도 하고, 매우 빠른 속도로 스키를 타서 부상을 당하기도 했다. 나중에 자신이 BIID 환자임을 깨달은 클로이는 그때부터 멀쩡한 다리에 깁스를 하고 휠체어를 타고 다니기 시작했다. 그는 지금도 장애인처럼 생활하는 트랜스 장애인 상태로 지내고 있다.

자신의 신체를 받아들이지 못하는 이 기이한 정신병은 초반에 실제 장애인을 기만한다는 비난을 받기도 했으나, 현재는 중증에 가까운 희귀한 정신 질환으로 인정되고 있는 추세다. 미국인 3억 명 중 약 1~2천 명이 BIID를 앓고 있으며, 원인과 치료법은 여전히 미스터리로 남겨져 있다.

6

상식

손가락을 꺾으면 나는 소리의 정체

액션 영화를 보면 싸움을 하기 전에 손가락을 꺾으며 손을 푸는 모습이 자주 등장한다. 이 외에도 특별한 이유 없이 손가락을 꺾어서 소리를 내는 걸 즐기는 이들이 있기도 하다. 그런데 이때 들리는 우두둑 소리는 사실 손가락뼈에서 나는 것이 아니다. 손가락뿐만 아니라 허리를 비틀 때나 오랜 시간 앉아 있다 기지개를 켤 때 나는 소리 역시 그러하다. 이 소리는 몸 안에서 '기포'가 터지면서 나는 것이다. 물속에서나 생기는 줄만 알았던 기포가 몸 안에서 터진다니 생뚱맞은 소리 같지만, 뼈와 뼈를 연결하는 관절 안에서 발생한다. 관절의 내부를 살펴보면 양쪽 뼈는 연골로 덮여 있고, 그 사이는 달걀흰자 같은 관절액

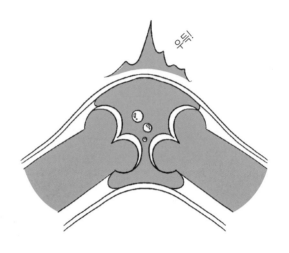

으로 채워져 있는 것을 확인할 수 있다. 그런데 손가락이나 허리를 비틀어서 관절을 비정상적인 위치로 움직이면, 관절 안에서 일시적으로 기포가 형성되고 이것이 터지면서 우두둑 소리가 나는 것이다.

뼈가 맞춰지는 것도 아니고 단순히 기포가 터지는 소리일 뿐인데, 왜 시원한 기분을 느끼는 사람이 많은 것일까? 이는 근육이 스트레칭되기 때문이다. 즉, 소리의 유무와 관계없이 근육을 풀어줘서 시원한 것이다. 혹자는 이렇게 소리를 내면 나중에 관절염에 걸린다고 하기도 하지만 사실 그렇지는 않다. 2009년, 미국의 도널드 엉거 박사는 관절꺾기와 관절염의 관계를 밝히기 위해서 아주 독특한 실험을 하나 진행한다. 무려 60년 동안 단 하루도 빠짐없이 일관된 방식으로 자신의 왼손의 관절을 꺾어서 우두둑 소리를 낸 것이다. 그리고 정밀 검사를 통해서 한 번도 관절을 꺾지 않았던 오른손과 비교해본 결과, 두 손가락의 관절 건강 상태에 차이가 없다는 사실을 밝혀냈다. 이 실험으로 박사는 기발하고 특이한 연구 성과를 이룬 사람에게 수여되는 '이그 노벨상'을 받기도 했다.

하지만 관절꺾기와 관절염이 관계가 없다 해도 손가락을 두껍게 만들어서 외관상 부정적인 영향을 미칠 수는 있다. 관절에 과도한 자극이 가해지면 관절 사이의 인대가 두꺼워져서 마디가 굵어지는 변형이 일어난다. 그렇게 되면 소위 '개구리 손가락'이라고 하는 울퉁불퉁한 모양이 되어, 원래 잘 맞던 반지가 들어가지 않을 수도 있다. 손가락뿐만 아니라 목이나 허리도 똑같이 두꺼워질 수 있고 한번 두꺼워진 인대는 다시 회복되지 않는다. 그러니 아무리 우두둑 소리를 내는 스트레칭이 시원하다 해도 자제하는 게 좋겠다.

눈 뜨고 재채기를 하면 생기는 일

코에 뭔가가 들어가거나 자극이 가해지면 재채기가 나온다. 코로 이물질이 들어가는 것을 막기 위해서 몸이 반사적으로 공기를 분출시키는 것이다. 그런데 왜 재채기를 할 때 눈도 함께 감게 되는 것일까? 아무리 눈을 뜨고 재채기를 해보려고 해도 눈꺼풀이 반사적으로 닫힌다. 이와 관련해 많은 추측이 있는데, 그 중 하나는 재채기를 할 때 생기는 압력으로 눈이 튀어나오는 것을 방지하기 위한 몸의 보호라는 의견이다. 즉, 억지로라도 눈을 뜨고 재채기를 하면 눈알이 앞으로 뿅 튀어나올 수도 있다는 말이다. 과연 사실일까?

이를 입증하기 위해서는 눈꺼풀을 고정시키고 재채기를 해

미국의 프로그램 '호기심 해결사'에서는 다양한 소문을 과학적인 방법으로 증명한다.

보는 수밖에 없을 것이다. 그리고 놀랍게도 미국의 방송 프로그램 '호기심 해결사^{Mythbusters}'에서 이 실험을 진행했다. 이 프로는 미신이나 괴담, 도시전설의 팩트를 체크하는 것이 주요 콘텐츠로, 재채기 괴담도 직접 확인해보겠다고 나섰다. 실험은 손으로 눈꺼풀을 고정하고 재채기를 하는 것으로 시작되었다. 실험맨은 느린 화면으로 봤을 때도 정확히 눈을 뜬 상태로 재채기를 했지만, 눈알은 튀어나오지 않았다!

상식

이 방송으로 인해 재채기 괴담은 거 짓으로 결론이 나는 듯했으나, 일부에 서 실제로 재채기 중에 눈이 튀어나 온 사례가 발견된다. 그레이브스 병 을 앓고 있는 사람이었다. 이 병은 갑 상선에서 갑상선호르몬이 과도하게 만 들어지면서 안구 뒤쪽의 조직이 비정상적으 로 커지는데, 때문에 환자의 약 80%가 일반 사람보다 눈이 더 튀어나오는 안구돌출 증상을 보인다. 의학 교양도서인 《칫솔을 삼킨 여자》(롭 마이어스 지음, 양문, 2009)에는 그레이브스 병을 앓고 있는 66세의 환자가 안구 진찰을 받으러 간 사례가 나온다. 그는 진료 중 재채기를 했고 이 충격으로 눈알이 빠져 버린다. 책에서는 "두 눈은 눈구멍에서 튀어나와 뺨에 매달려 있었다"고 묘사된다.

하지만 이런 사례는 일반인에게는 해당되지 않는다. 그렇 다고 굳이 또 감기는 눈을 일부러 뜨고 재채기하려는 시도를 해볼 필요는 없겠다?!

플라스틱 용기나 페트병의 밑부분을 보면 번호가 적힌 삼각형 마크를 발견할 수 있다. 이 모양은 재활용이 가능하다는 뜻인데, 그렇다면 그 안에 써진 숫자는 무엇일까? 이 숫자에는 사용자가 반드시 알아야 할 중요한 정보가 담겨 있다.

1번 마크가 붙은 플라스틱은 주로 편의점에서 자주 사 마시는 페트병에 사용된다. PETE라고도 불리는 이 플라스틱은 재사용할 수는 있지만 반복적으로 사용하다 보면 세균 증식이 쉽게 일어나는 위험이 있다. 이렇게 되면 신체의 호르몬 균형을 무너뜨리는 화학 성분이 녹아 나올 수도 있기 때문에, 한 번 사용 후에는 가급적 버리는 것이 좋다.

2번 마크는 주로 세제통이나 기름병, 혹은 아이들 장난감에 주로 사용되는 것으로 플라스틱 중에서도 인체에 가장 무해하고 안전한 종류다. 따라서 2번 마크가 붙은 플라스틱은 여러 번 사용해도 괜찮다. 또 열에도 강한 재질이라 안심하고 전자레인지에 돌릴 수 있고, 추위에도 강해 야외 테이블을 만드는 소재로도 사용된다.

3번 마크는 모양이 자유자재로 바뀌는 플라스틱으로 보통 식품을 포장하는 비닐랩에 쓰인다. 여기에는 플라스틱을 부드럽게 하기 위한 화학 첨가제 프탈레이트가 들어간다. 이는 환경호르몬 추정물질이라 랩을 식품 보관용으로 사용하는 것은 좋지 않다. 과잉행동장애인 ADHD나 내분비계 장애를 유발하기도 하기 때문에 비닐랩은 식품이 아닌 물건에만 사용하는 편이 좋다.

4번 마크가 붙은 경우는 저밀도 폴리에틸렌으로 다른 플라스틱에 비해 비교적 안전한 것에 속한다. 종이컵 안쪽의 매끈한 코팅지나 마트

에서 사용되는 얇은 비닐에는 대부분 이 플라스틱이 이용된다. 그러나 안전하기는 하지만 재활용이 까다로운 것이 단점이다.

5번 마크는 락앤락의 밀폐용기나 플라스틱 컵 등에서 많이 찾아볼 수 있다. 가벼우면서도 질긴 이 플라스틱은 높은 온도에서도 잘 녹지 않고 인체에 해롭지 않은 안전한 것이다. 카페나 프랜차이즈 레스토랑에서 볼 수 있는 플라스틱

빨대 역시 대부분 이것으로 만들어져 있어서 안심하고 사용할 수 있다.

6번 마크의 플라스틱은 3번만큼이나 인체에 유해하다. 보통 뉴스에서 전자레인지에 돌리면 발암물질이 나온다고 이야기하는 것이 바로 6번 이다. 주로 플라스틱 포크나 숟가락을 만드는 데 쓰이는데 가격이 저렴해서 음식 업계에서 많이

사용된다. 플라스틱 숟가락으로 뜨거운 음식을 먹으면 그대로 환경호르몬을 섭취하는 것과 마찬가지다.

7번 마크가 붙은 플라스틱은 1~6번으로 분류되지 않은 플라스틱을 뜻한다. 다양한 소재의 플라스틱을 혼합해서 만든 복합 소재인 경우가 많아서 재활용이 어렵고 안정성을 판별하기

상식

도 쉽지 않다. BPA라 불리는 화학 물질이 포함된 7번 플라스틱은 유방암을 유발하는 반면, 트라이탄이라 불리는 친환경 소재가 포함된 7번 플라스틱은 인체에 무해하다. 이렇게 7번 플라스틱은 그 성격에 따라 안전성이 달라지니 더욱 면밀하게 살펴볼 필요가 있다.

자동차보다 빠른데도
기차에는 '이것'이 없다

여행을 쾌적하고 분위기 있게 만들어주는 기차. 그런데 기차에는 이상한 점이 하나 있다. 고속도로를 전속력으로 달리는 자동차보다 2배 이상 빠른데도 불구하고 안전띠가 없다는 사실이다. 승객도 많이 타고 있어서 사고가 난다면 자동차보다 훨씬 더 심각한 인명 피해를 초래할 텐데도 왜 안전띠가 없는 것일까?

첫번째 이유는 기차의 무게 때문이다. KTX의 경우 차체 무게가 약 362톤 정도로 비행기 2대를 쌓아놓은 것보다 무겁다. 때문에 주행 중에 물체와 부딪히더라도 충격을 차체가 흡수해서 승객에게 전달되지 않는다. 쉽게 생각하면 사람이 전속력으로 달리다가 종이 한 장과 부딪힌다고 큰 충격을 받지 않는 것과 같은 원리다.

두번째 이유는 기차의 제동 거리 때문이다. 제동 거리란, 자동차나 기차처럼 움직이는 물체가 브레이크를 밟고 난 후에 완전히 정지할 때까지의 거리를 뜻한다. 자동차는 제동 거리가 짧아서 브레이크를 밟자마자 정지하기 때문에, 관성에 의해 사람이 앞으로 튀어나온다. 그래서 안전띠를 하지 않았을 경우 핸들이나 차 유리창에 머리를 부딪쳐 상처를 입는 것이다. 하지만 기차는 아무리 갑자기 브레이크를 밟는다고 해도 완전히 정지하기까지 시간이 오래 걸린다. 약 시속 300km로 달리던 기차가 완전히 정지하려면 70초가 소요되고 이 시간 동안 기차는 3km나 되는 거리를 더 나아가게 된다. 이렇게 서서히 멈추기 때문에 기차 안에 타고 있던 승객들이 안전띠를 매지 않아서 앞으로 튀어나오는 일은 생기지 않는다.

그러면 기차가 아예 뒤집혀 버린다면? 이 질문은 세번째 이유와 관련이 있다. 즉, 기차가 뒤집혔을 때는 오히려 안전띠를 하고 있는 것이 더 위험하다. 영국 철도안전 표준위원회에 따르면 기차에 안전띠가 있으면 사고 시 승객을 대피시키고 구조하기가 더 어렵다고 한다. 기차 사고는 몸이 튕겨 나가는 것보다 차체가 찌그러져서 압사하는 경우가 더 많기 때문이다. 이렇게 승객이 안전띠에 고정되어 있으면 빼내기가 어려워서 사망자가 6배까지 늘어날 수 있다고 한다. 이러한 이유로 기차는 안전띠를 설치하기보다는 비상구나 충격 완화장치를 개선하는 것이 훨씬 더 안전하고 효율적인 것이다.

꿈속에서 느릿느릿 행동하는 이유

꿈속은 현실에서는 불가능한 다양한 체험을 할 수 있는 미스터리한 공간이다. 날아다니기도 하고 영웅이 되기도 하고 누군가에게 쫓기기도 하며 다양한 상황이 등장한다. 그런데 꿈속에서 치열하게 싸우거나 열심히 달리려고 할 때면, 내 몸이 내 몸 같지 않은 느낌이다. 마음 같아서는 만화 속 주인공처럼 멋있게 싸우고 싶지만, 아무리 힘을 줘도 주먹은 흐물흐물 느리게 나가고 달릴 때도 슬로우모션 효과처럼 아주 느린 속도밖에 낼수가 없다. 왜 이런 일이 생기는 것일까? 꿈은 아직도 과학적으로 명확하게 밝힐 것이 많은 분야다. 하지만 어느 정도 꿈속의 통제 불능 상태에 대한 실마리를 주는 흥미로운 실험이 존재해 이를 소개한다.

독일 마인츠 대학의 제니퍼 윈트 교수는 꿈속에서 뇌와 사람의 신체 사이 관계를 알아보기 위해 아주 특별한 실험을 진행했다. 실험 대상자들은 모두 루시드 드림을 꿀 줄 아는 이들로 구성했다. 앞에서도 등장하지만 루시드 드림 즉, 자각몽은 꿈속에서 스스로 꿈을 꾸고 있다는 사실을 인식하는 것을 말한다. 제니퍼 교수는 루시드 드리머들에게 꿈속에서 스스로를 간지럽혀보라고 요청했다. 보통 현실에서는 아무리 내가 내 몸을 간지럽혀도 하나도 웃음이 나지 않고 간지럽지 않다. 이는 뇌가 이미 이 행동을 인지해서 그에 따른 신체 반응을 예측하기 때문이다. 제니퍼 교수는 꿈속에서도 이러한 뇌의 메커니즘이 적용되는지 알아보고자 한 것이다. 그런데 루시드 드리머들은 꿈속에서 스스로를 간지럽혀 웃음을 유발하는 행위에 실패했고, 꿈속의 다른 사람에게 자신을 간지럽혀달라고 요청했지만 거절당했다고 한다. 이는 결과적으로 꿈에서도 사람의 뇌는 신체에 대한 정보를 받아들이고 있음을 의미한다.

스위스 베른 대학의 다니엘 에를라처 교수 역시 루시드 드리머를 대상으로 꿈속의 시간 흐름을 알아보는 실험을 진행했다. 그는 루시드 드리머에게 꿈에서 30초를 세거나 열 걸음을

느릿느릿~

걷는 등 시간의 흐름을 알 수 있는 행동을 하도록 요청했고, 루시드 드리머는 그 행동을 시작했을 때와 끝났을 때 눈을 좌우로 움직여 교수에게 신호를 보내기로 했다. 실험 결과, 꿈속에서는 같은 행동을 수행하는 데 현실보다 훨씬 더 오랜 시간이 필요했다. 이 말인즉슨 꿈속은 현실의 시간보다 더 천천히 흐른다는 뜻이다. 영화 〈인셉션〉처럼 말이다.

그렇다면 왜 꿈속에서는 주먹을 휘두르거나 달릴 때 느려지는 것일까? 더 정확히 말하면, 느리다고 여겨지는 것일까? 첫번째 실험을 통해 꿈에서도 신체 정보를 현실과 동일하게 처리한다는 것을 알게 되었다. 그래서 마음먹은 행동은 가능해지고, 뇌에서는 그에 따른 신체 정보를 기대하게 된다. 그런데 두번째 실험에서 입증되었듯이 꿈에서의 시간은 느리게 흐르기 때문에 뇌에서 행동이 느려졌다고 인식하는 것이다. 사실 뇌가 꿈에 완전히 몰입한 경우라면, 행동이 느려졌다는 생각조차 들지 않고 꿈 내용 또한 기억나지 않는다. 반대의 경우, 평소와는 다른 신체 신호를 받은 뇌에서 이상함을 감지하게 되고, 결과적으로 잠에서 깨고 나서도 현실보다 느리게 행동했던 꿈 내용이 기억에 남는 것이다.

이처럼 꿈속에서의 시간 흐름에 대해 이해한다면, 또다시 느려졌다고 느껴지는 순간 루시드 드리머가 되는 도전을 해보는 것도 재미있지 않을까?

태풍의 이름은 누가 어떻게 정할까?

쁘라삐룬, 봉퐁, 꿀랍, 윈욍 등 정체를 알 수 없는 이 단어들에는 하나의 공통점이 있다. 바로 태풍의 이름이다. 이처럼 외계 행성의 이름처럼 생소한 것도 있고 개미, 나리, 장미처럼 한글로 지어진 친숙한 것도 있다. 그렇다면 이러한 이름들은 태풍이 발생할 때마다 그저 느낌대로 붙이는 것일까? 매번 달라지는 태풍의 이름은 도대체 누가, 어떻게 짓는 것일까?

우선 태풍에 이름을 붙이는 이유는 보다 정확한 태풍 발생 예보를 하기 위함이다. 태풍이 한 지역에 2개 이상 발생하는 경우에는 헷갈릴 수도 있기 때문에 태풍마다 이름을 붙이게 된 것이다. 태풍에 처음으로 이름을 붙이기 시작한 것은 1953년 호주의 일기예보관들이었다. 당시 이들은 태풍에 이름을 지어서 구분해야겠다는 필요성을 느끼고 본인이 싫어하는 정치가의 이름을 붙였다. 듣기 좋은 이름을 붙일 수도 있었지만 굳이 싫어하는 이의 이름을 붙인 것은, 태풍이 인간에게 피해를 주는 존재이기 때문이다. 결과적으로 그들이 싫어했던 정치가는 "○○가 현재 남부 지역에 극심한 피해를 끼치고 있습니다!" "드디

막대한 피해를 입힌 태풍의 이름은 한 번만 사용한다.

어 ○○가 호주에서 물러났습니다" 등의 일기예보 멘트로 은근히 비난받았다. 이렇게 처음에는 풍자적인 느낌이 강했던 태풍의 이름 짓기는 2차 세계대전 이후 미국에서 공식적으로 시작되었다. 미국은 정치가의 이름이 아니라 주로 기상청 직원들의 아내나 여자친구의 이름을 태풍에 붙였다. 그래서 1978년까지는 제니스, 베티, 루사 등등 대부분의 태풍이 여자 이름을 가지고 있었다. 그리고 2000년대에 들어서 우리나라를 포함한 여러 국가가 가입한 아시아-태평양 지역 태풍위원회가 만들어지

면서 각 나라에서 이름을 짓기 시작한다. 태풍의 이름을 정하는 규칙은 다음과 같다. 우선 태풍위원회의 14개 국가가 각각 10개씩 이름을 제출해서 모은 140개의 이름을 총 5개 조로 편성한다. 그리고 태풍이 발생할 때마다 1조의 첫번째 이름부터 5조의 마지막 이름까지 순차적으로 사용한다. 보통 태풍이 1년 동안 30여 개 정도 발생하기 때문에 모든 이름을 다 쓰려면 4~5년 정도가 소요된다. 우리나라가 제출한 태풍의 이름으로는 개미, 나리, 장미, 미리내, 노루, 제비, 너구리, 고니, 메기, 독수리가 있다. 그런데 사람들에게 뚜렷한 인상을 남긴, 2003년에 우리나라를 초토화했던 '매미'의 이름이 보이지 않는다. 그 이유는 태풍의 이름은 140개를 계속 돌려가며 쓰지만, 막대한 피해를 주었던 태풍의 이름은 딱 한 번만 사용하기 때문이다. 그래서 매미는 2003년도 피해 이후로 이름이 아예 빠지게 되었다.

번외로 북한 역시 태풍위원회에 가입되어 있는데 기러기, 도라지, 갈매기, 수리개, 메아리, 종다리, 버들, 노을, 민들레, 날개를 태풍 이름으로 제출했다.

세상에서 가장 황당한 10가지 대회

올림픽에서는 수영, 달리기, 멀리뛰기, 높이뛰기 등 잘 알려진 다양한 대회 종목을 볼 수 있다. 그런데 세상에는 다림질 대회, 얼굴 구기기 대회 같은 농담인지 진담인지 모를 대회가 실제로 존재한다. 세계 각지에서 열리고 있는 듣도 보도 못한 신기한 대회 10가지를 소개한다.

첫번째는 익스트림 다림질 대회다. 이 대회에서는 누가 얼마나 더 극단적으로 다림질을 하는가를 겨룬다. 참가자들은 물 속이나 혹은 위험천만한 산 중턱 등에서 다림질을 하는 열정을 보인다. 익스트림 다림질 대회를 주관하는 공식 협회의 설명에 의하면, 셔츠가 다려질 때의 짜릿함이 스포츠가 주는 쾌감과 비슷한 부분이 있다나 뭐라나. 그래서 그 두 가지의 짜릿함을 가장 창의적이고 독보적으로 표현한 사람에게 올림픽처럼 금·은·동메달을 수여한다.

두번째는 침대 레이싱이다. 말 그대로 잠을 잘 때 사용하는 침대를 탄 채로 경주를 하는 대회다. 이는 자선 단체에 기금을 주려고 만들어진 대회로, 전 세계의 자선 단체들이 각양각색의 침대를 만들어서 참가한다. 침대에 탑승하는 선수 1명과 침대

침대 레이싱을 하는 모습.

를 끄는 선수 6명으로 총 7명이 한 팀을 이룬다. 침대로 완주해야 할 코스는 산을 타거나 강을 건너는 등 상당히 과격하게 구성되어 있다.

세번째는 에어 기타 대회다. 입을 빼끔거리면서 노래를 부르는 척하는 것을 '립싱크'라고 하듯이, 악기를 연주하지 않으면서도 연주하는 척하는 것을 '핸드싱크'라고 한다. 에어 기타 대회는 실제로 기타는 없지만 기타가 있는 척 핸드싱크를 잘하는 사람을 뽑는다. 1996년을 시작으로 매년 핀란드에서 개최하는 이 대회에는 전 세계인이 모인다. 1등 상품으로는 고가의 실제 기타를 주고 있으니 연기에 자신

혼신의 기타 연주 중인 참가자.

있는 사람이라면 도전해봐도 좋겠다.

네번째는 세계 사우나 대회다. 내부 온도가 110도에 달하

는 사우나에 앉아서 가장 오래 버티는 사람이 우승하는 이색 경기다. 참가자들은 자신의 몸에 무슨 일이 벌어져도 법적 조치를 하지 않겠다는 계약서에 서명을 하고 시작한다. 탈진을 막기 위해 30초마다 1리터의 물이 제공되지만 고온에 쓰러지는 사람이 다수 발생한다.

2018년 대상을 차지한 개 '자자'는 뉴욕 여행권과 1,500달러를 받았다.

다섯번째는 못생긴 개 선발 대회. 귀엽거나 잘생긴 개를 뽑는 대회와는 정반대다. 이 대회는 2000년 모든 반려견들이 차별 없이 사랑받게 하고자 하는 취지에서 시작되었다. 가장 못생긴 개로 선발되면 약 200만 원의 상금이 주어지고 미디어에 출연할 기회를 얻게 된다. 만일 아직 주인이 없어서 동물 협회에 소속된 개일 경우에는 이 대회를 통해 새로운 주인을 찾게 되기도 한다.

처음에는 체스 경기 먼저 시작하고 이후 복싱을 하며, 최대 11라운드까지 계속된다.

여섯번째는 체스 복싱 대회다. 체스와 복싱이라는 전혀 어울리지 않는 두 종목을 한 번에 하는 경기다. 여기에서는 두 선수가 복싱 경기와 체스 경기를 라운드마다 번갈아 가며 진행한다. 숨 가쁘게 서로 주먹을 치고받다가도 다음 라운드에서는 호흡을 가다듬고 체스판에 집중해야 하기 때문에 상당한 육체적인 능력과 정신적인 능력이 요구된다. 이 대회는 2003년 베를린에서 시작되어 지금까지도 매년 열리고 있다.

돼지 따라 하기 대회의 참가자들.

일곱번째는 돼지 따라 하기 대회다. 프랑스의 작은 농촌에서 열리는 이 대회는 돼지를 가장 잘 따라 하는 사람에게 상금을 준다. 참가자들은 돼지 옷을 입고 최대한 똑같은 울음소리를 내기 위해서 연습한다. 하지만 축제에서 일부 참가자들이 돼지의 젖을 빤다거나 돼지의 짝짓기 모습까지 흉내내는 경우도 있어서, 모두에게 사랑받는 대회는 아니다.

여덟번째는 얼굴 구기기 대회다. 얼굴에 있는 모든 안면근육을 최대한 활용해서 얼굴을 가장 많이 구긴 사람이 우승한다. 도대체 어쩌다 이런 대회가 시작된 것인지에 대해서는 명확하게 알 수 없지만, 기원을 따지면 약 1200년대부터 전해져 내려온 것으로 추정된다고 한다. 주로 치아가 없어서 턱을 코 부근까지 구길 수 있는 노인들이 우승을 차지한다.

아홉번째는 난쟁이 멀리 던지기 대회다. 1980년대 호주에서 시작된 대회로 말 그대로 키가 작은 사람을 누가 가장 멀리 던지는지 겨루는 것이다. 주로 술집에서 벌어지는데, 던져지는 사람은 오직 헬멧 하나와 패딩 벨트만을 착용한다. 간혹 유리창, 불이 붙은 농구대, 우물, 기

지금은 금지된 난쟁이 멀리 던지기 대회.

찻길 건너편 등등 상당히 위험한 장소로도 던져진다. 그런데도 이런 수모를 버티는 것은 한 번 던져지는 것으로 어마어마한 돈을 벌 수 있기 때문이다. 하지만 유엔 인권 위원회가 이 행위가 인간의 존엄성을 해친다고 보았고, 지금은 금지되었다.

마지막은 아기 뛰어넘기 대회다. 스페인에서 열리는 이 무서운 대회는 신생아를 일렬로 눕혀놓고 그 위를 뛰어넘는다. 보기만 해도 위험천만한 이 행위는 1620년부터 내려온 전통으로 종교적인 의미가 담겨 있다고 한다. 아기를 뛰어넘는 사람은 채찍을 든 채 노란색과 빨간색의 옷을 입는데 악마를 상

징하는 의상이다. 그리고 이 악마가 아기를 뛰어넘으면서 아기들의 죄가 씻기는 가톨릭의 의미가 담겨 있다고는 하는데… 정작 전 가톨릭 교황이었던 베네딕토 16세는 이 스페인계 사제들을 가톨릭으로 인정하지 않았다.

뜻이 잘못 알려진 명언 바로잡기

한 번 대중에게 각인된 명언이나 속담은 계속해서 전해져 내려오는 경우가 많다. 그런데 그 과정에서 원래의 뜻과 완전히 달라지거나, 애초에 없던 말이 추가되는 경우도 있다. 뜻이 잘못 알려진 유명한 말은 무엇이 있는지 알아보자.

첫째, "손님은 왕이다"라는 말이다. 이는 보통 손님을 왕처럼 모셔야 한다는 뜻으로 알려져 있다. 때문에 서비스직 종사자라면 꼭 가져야 할 마음가짐 중 하나로 여겨진다. 처음 이 말을 한 사람은 프랑스에 있는 리츠칼튼 호텔의 창업자 세자르 리츠다. 그의 호텔은 최고급 서비스를 제공하는 곳이었기에 주

1898년 세자르 리츠는 파리에 자신의 이름을 딴 고급 호텔을 열었다.

고객은 프랑스의 왕이나 귀족들이었다. 결국 그가 이야기한 '왕'은 진짜로 자신의 손님이 왕이었기 때문에 나오게 된 말인 셈이다. 그러다가 평민이라 할지라도 대가를 지불하고 호텔에 방문하는 경우 역시, 왕이 받았던 것과 같은 대우를 해주라는 뜻으로 확장된 것이다.

둘째, "천재는 1%의 영감과 99%의 노력으로 이루어진다"라는 말이다. 발명왕 토머스 에디슨이 한 것으로 알려진 명언이다. 흔히 이 문장을 인용할 때는 '노력이 가장 중요하다'는 뜻으로 쓰인다. 하지만 사실 이는 에디슨이 원래 하고자 했던 말과는 정반대의 해석이다. 에디슨이 하고 싶었던 이야기는 노력의 중요성이 아니라 영감의 중요성이었다. 99%의 노력을 하더라도 1%의 영감이 없으면 100%를 채울 수 없다는 말이다. 결국 천재는 노력만으로 이룰 수 있는 것이 아니라 남들과 다른 1%의 아이디어가 있어야 한다는 메시지를 전달하고 싶었던 것이다.

셋째, "그래도 지구는 돈다"는 말은 처음으로 지구가 태양을 중심으로 돌고 있다고 주장한 이탈리아 르네상스 말기의 과학자 갈릴레이 갈릴레오가 한 것으로 잘 알려져 있다. 이러한 주장은 지구를 중심으로 하늘이 돌고 있다고 믿었던 교회 권력자들에게 문제시되는 것이었다. 때문에 종교재판이 열렸고, 죄를 면하고 싶었던 갈릴레이는 마음에도 없는 천동설을 인정했다. 그러나 재판이 끝나자 "그래도 지구는 돈다"라고 소신 발언을 했다고 알려져 있다. 하지만 이 말은 실제로 갈릴레이가 하지 않았을 확률이 높다. 그가 쓴 책 어디에도 이런 문장은 없으며, 재판 당일 이 문장이 등장했다는 사실을 증명하는 증언이나 자료가 전혀 존재하지 않기 때문이다.

마치 히어로의 마지막 대사 같은 이 명언은 18세기 이탈리아 작가 주세페 바레티가 자신의 책에서 갈릴레이를 좀 더 영웅적으로 보이게 하기 위해 극적으로 연출한 부분이다. 사실 갈릴레이는 종교나 성경을 거부했던 사람은 아니다. 오히려 굉장한 존경심을 표했다. 하지만 성경이 천체의 구성이나 별들의 움직임을 가르쳐준다는 주장을 믿어서는 안 된다는 입장을 지지한 것뿐이다. 그런데도 주세페 바레티가 갈릴레이를 교회의 핍박을 받은 인물로 묘사한 이유는, 당시 대중들 사이에 널리 퍼져 있었던 교회에 대한 적대감을 이용하고자 하기 위해서라는 의견도 있다. 갈릴레이가 진짜로 한 말은 이렇다.

"성령은 우리에게 어떻게 하늘나라로 가는지를 가르치는 것이지, 하늘이 어떻게 움직이는지를 가르치는 게 아니다."

넷째, "일단 유명해져라. 그러면 사람들은 당신이 똥을 싸도 박수를 쳐줄 것이다"라는 다소 과격한 이 말은 미국 팝아트의 제왕으로 불리는 앤디 워홀이 한 것으로 알려져 있다. 일단 한 번 명성을 얻으면 뭘 하든 사람들이 지지할 것이라는 풍자적인 어조가 담긴 말이다. 그런데 정작 앤디 워홀은 이런 말을 한 적이 없다. 단지 우리나라에서 만들어져서 앤디 워홀과 엮인 것뿐이다. 누가 만들었고 어떻게 퍼뜨렸는지조차 정확히 알 수가 없다. 그렇다면 왜 이 말이 앤디 워홀이 한 것처럼 사용된 것일까? 가장 유력한 이유는 그의 작품과 관련된 특징 때문일 것으로 보인다. 앤디 워홀의 대표작 〈캠벨 수프 통조림〉 시리즈는 시중에 판매하는 제품의 모습을 그대로 옮겨놓은 것으로 유명하다. 이는 대량생산된 이미지를 통해 갤러리와 슈퍼마켓, 미술 거래와 식품 거래를 암시해 대중의 사랑을 받았고 엄청난 가격에 팔리기 시작했다. 한편에서는 고작 깡통 그림 몇 개일뿐 그 정도의 가치는 아니라는 부정적인 반응도 많았다. 그러다 이 그림 자체의 가치가 아니라 앤디 워홀이라는 사람의 명성으로 가격이 매겨진 것이 아니냐는 소리도 나오게 된 것이다. 이러한 평가는 "일단 유명해져라"라는 말과 함께 붙어 다니게 된다.

앤디 워홀의 대표작 〈캠벨 수프 통조림〉.

상식

앤디 워홀은 유명인을 아이콘화하거나 반복적인 상품 그림 등을 통해 미국 문화의 속성을 자신만의 방식으로 논평하고 싶어 했다. 때문에 "일단 유명해져라"라는 말은 앤디 워홀이라는 인물의 개인적인 허세에서 비롯된 것이 아님을 기억하자.

아이스크림 제품명, 이렇게 지어졌다!

슈퍼마켓이나 편의점 등에 가면 다양한 종류의 아이스크림을 만날 수 있다. 서로 다른 맛의 아이스크림 중에는 꽤 개성적인 이름이 많다. 어떻게 해서 붙은 제품명일까?

팥이 들어서 아이는 물론이고 어르신도 좋아하는 붕어싸만코! 붕어 모양이니 붕어까지는 이해하겠는데 뒤에 붙은 싸만코의 뜻은 무엇일까? 혹시 잘 알려지지 않은 영단어일까? 허무 개그 같

겠지만 싸만코는 '가격이 싸고 양이 많고'의 줄임말이다. '싸고

상식

231

많고'가 싸만코가 된 것이다!

허무 개그를 이어보자면, 도둑이 제일 싫어하는 아이스크림은 무엇일까? 정답은 누가바다. 이 이름은 혹시 '누가 본다'는 의미로 지어진 것일까? 누가바는 바닐라맛 아이스크림을 감싼 캐러멜색 초콜릿 코팅이 특징이다. 이 초콜릿은 헤이즐넛을 섞어 만든 것으로 '누가'라고 불린다. 그래서 누가를 내세운 아이스크림 이름이 된 것이다.

돼지바는 30년 동안 남녀노소 모두에게 꾸준히 사랑받는 아이스크림이다. 그런데 아이스크림에 돼지의 특징이 전혀 없는데 왜 돼지바라고 불리는 것일까? 많이 먹으면 돼지가 되니까? 아니면 잘라놓은 단면이 돼지고기 같아서? 다양한 추측이 있지만 진짜 이유는 돼지바가 출시된 1983년이 계해년癸亥年 즉, 돼지의 해였기 때문이다. 만약 출시된 해가 개의 해였다면 '개바'라고 불렸을 수도 있겠다!

호두마루, 체리마루, 녹차마
루 등 종류도 다양한 마루 시리
즈. 그런데 왜 아이스크림에 마
루라는 말이 붙었을까? 여기서의 마루는 대청마루 할 때의 그
마루를 뜻하는 것일까? 마루는 순우리말로 '꼭대기'라는 뜻을
가지고 있다. 즉, 호두마루는 호두의 최고 경지, 체리마루면 체
리의 최고 경지의 아이스크림이 되겠다는 뜻에서 이린 이름을
붙인 것이다.

손이 시리지만 조금씩 녹여가며 먹는 맛이 일품인
설레임. 마음이 들떠서 두근거리는 즉, 설레는 감정을
담아 이름을 지었을 것만 같다. 하지만 실제 뜻은 다르
다. 설레임은 한자로 눈 설雪, 올 래來, 물 뿌릴 임淋을
합친 말이다. 풀이하자면 눈처럼 와서 이슬로 방울이
되어 떨어진다는 뜻으로, 그만큼 식감이 부드러운 것
을 강조한 것이다.

축구선수 손흥민이 광고하면서 유명해진 빙그레의 슈퍼콘.
슈퍼콘이 나오기 전까지 빙그레의 대표 콘 아이스크림은 메타

콘이었다. 메타콘의 메타는 Meet Two tAste Corn을 줄인 META로 맛있는 두 가지의 콘이 만난다는 뜻이다. 그래서 메타콘은 항상 한 가지 맛이 아니라 두 가지의 맛을 섞어서 출시되었다. 대표적인 조합으로 딸기/바닐라, 피스타치오/바닐라, 커피/쿠키 맛이 있다.

부드러운 빵 사이에 달콤한 아이스크림을 들어 있어 마치 유럽의 디저트 같은 빵또아. 그래서 그런지 이름도 혹시 프랑스어는 아닐까? 하지만 빵또아의 진짜 의미는 굉장히 합리적이다. '빵 먹고 또 아이스크림 먹고'를 줄인 말이기 때문이다. 뜻에 비해 고급스러운 느낌의 이름을 가졌다고 볼 수 있겠다.

그렇다면 진짜 프랑스어로 지어진 아이스크림 이름은 없을까? 있다. 끌레도르다. 가격만 봐도 고급 아이스크림 같은 끌레도르는 '황금'이라는 뜻의 프랑스어 Dores와 '열쇠'라는 뜻의 Cle가 합

쳐져 탄생한 이름이다. 한마디로 '황금 열쇠'라는 뜻이다. 고급스러우면서도 부드러운 맛으로 소비자의 마음을 열겠다는 바람을 담고 있다. 그래서 포장지를 잘 보면 끌레도르라는 이름 위에 황금 열쇠가 그려진 것도 발견할 수 있다.

빙그레의 요거트 아이스크림 요맘때는 어떨까? 지금쯤, 이맘때쯤 먹어야 한다는 뜻일까? 요맘때 역시 프랑스어 이름이다. 발효유의 일종인 Yogurt와 '절반'을 뜻하는 Moitie로 만든 합성어이다. 우리말로 하면 '요거트가 반' 들어간 아이스크림이라는 것을 의미한다.

마지막으로 비싸서 자주는 못 먹는 프리미엄 아이스크림 하겐다즈! 맛처럼 이름 역시 명품 같은 느낌인데 무슨 뜻일까? 놀랍게도 하겐다즈는 아무 의미 없는 국적 불명의 단어다. 1961년, 미국 뉴욕에서 처음 생긴 하겐다즈는 마치 유럽에서 온 고급 아이스크림 같은 느낌을 주기 위해 아무렇게나 지어낸 이름이다. 그야말로 호화로워 보이려고 만든 이름이 진짜 호화로워진 사례라고 할 수 있겠다.

상식

끝내는 말

산만한 호기심이
한 권의 책이 되기까지

고백하자면 필자는 책을 읽을 때 이상한 버릇이 하나 있다. 책을 처음부터 끝까지 즉, 1쪽부터 마지막 쪽까지 좀처럼 읽어내지 못한다. 책의 모양새대로 자연스럽게 홀홀 넘기면서 읽으면 좋으련만, 그런 방식이 다소 버겁게 느껴져서 차례를 보고 관심이 가는 것 먼저 찾아서 읽는 편이다. 기묘한 독서 습관이라고도 할 수 있으리라.

그래서 출간 제안을 받았을 때는 감히 엄두가 나지 않았다. 책을 이상하게 읽는 사람이 작가가 되다니…. 글을 쓰는 것에 자신도 없었고 내가 가진 것은 지식 자체가 아니라 지식을 편

집해내는 능력이었기 때문이다. 그러다 출판사 대표님과 이야기 후, 평소 나의 독서 습관처럼 독자들 또한 원하는 내용을 골라 볼 수 있는 책을 만들면 재미있을 것 같았다. 유튜브 콘텐츠 중에서 지식을 더 심층적으로 추가·보완해서 '책'이라는 물성으로 간직할 수 있는 것들만 모아본다면?

그렇게 책을 쓰기 위해 기존에 영상들을 다시 정리할 때는 새삼 당황스러웠다. 보통 유튜버는 운영하는 채널에 영화면 영화, 어학이면 어학 등 하나의 주제가 있기 마련인데 내 채널은 이 책의 차례처럼 온갖 분야가 들어가 있었기 때문이다. 하지만 이 산만한 호기심이 나의 정체성인 건 사실이고, 다행히 이를 기꺼이 좋아해주는 구독자인 바삭이들이 있어서 참 다행이라고 생각했다. 그 덕에 여러 가지 주제를 다루는 《스낵 인문학》이 만들어질 수 있었다.

출판이라는 소중한 기회를 주시고 과정 중에 언제나 용기를 심어준 스테이블 출판사 고은주 대표님께 먼저 감사의 말씀을 드린다. 그리고 책을 쓰는 동안 항상 곁에서 물심양면으로 지원해준 가족, 책 쓴다는 소식에 '네가?'라는 표정으로 의아함을 표하면서도 끝까지 응원하고 기대해준 친구들에게도 고마움을 전하고 싶다. 끝으로 무엇보다 매주 잡다한 주제의 영상을 올리는데도 언제나 재미있게 봐주는 유튜브의 소중한 바삭이들 한 명 한 명에게 큰절을 올린다!

스낵 인문학

간편하고 짤막하게 세상을 읽는 3분 지식

초판 1쇄　발행일　2021년 6월 15일
개정판 1쇄　발행일　2024년 7월 10일

지은이　　타임스낵
펴낸이　　고은주
디자인　　책은우주다

펴낸 곳　　스테이블
출판등록　2021년 1월 6일 제320-2021-000003호
주소　　　서울시 관악구 조원로 137 602호
전화　　　02) 855-1084
팩스　　　0504) 260-4253
이메일　　astromilk@hanmail.net

ISBN　　979-11-93476-01-7 (03900)